8つの知能を生かした
教科横断的な英語指導法

―MI（多重知能）とCLIL（内容言語統合型学習）の視点より―

二五　義博
NIGO, Yoshihiro

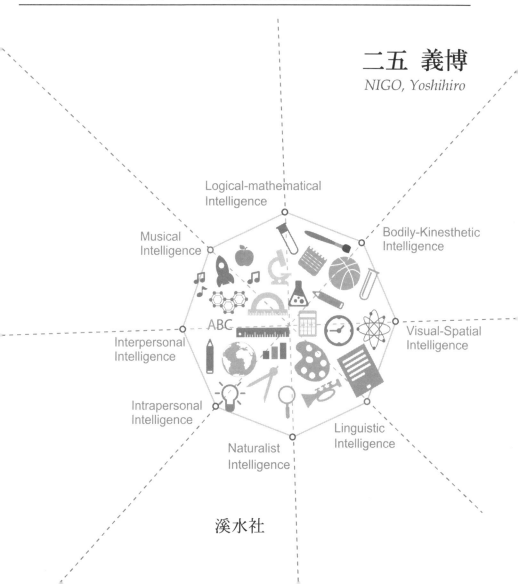

溪水社

刊行に寄せて

　日本における外国語としての英語教授法は、江戸中期から明治中期にかけて、医学、天文学・地理学などの学問を目的として、日本人による解読・翻訳が行われる一方で、実用英語・通訳養成を目的として、欧米人による外国語でのコミュニカティブ・アプローチの二通りの教授法が採用されていた。明治末期より現在に至るまで、欧米のさまざまな教授法も紹介され、論戦も交わされ、ALT も雇用されているが、文法に焦点をあてた日英訳一辺倒の画一的な指導が定着している。その結果、中高校生を対象とした英語学習に対する意識調査（国立教育政策研究所や Benesse）では、「英語の授業が分かる」とする中学生は 44.9%、高校生は 37.6%、学年が上がるにつれて減少している。文法規則の理解が難しく、英語嫌いが多い。

　文部科学省は、文法・読解中心からコミュニケーション能力の育成へと転換を測るための教育目標を掲げたが、平成 14 年の「『英語が使える日本人』の育成のための戦略構想」や平成 25 年の「英語教育の抜本的改革」においても、TOEFL や英検などの外部検定試験を活用することに重点をおいている。英語教育政策として、小学校低学年からの英語教育の導入、日本人教師による「英語で授業」を打ち出したが、肝心の教授法については全く触れられていない。「英語の授業が分かる」指導のためには、個人の得意・不得意な教科や能力を生かす英語教授法が必要であろう。

　こうした日本の現状を顧みて、本書は、4 技能という言語技術は学問のための手段として統合的に指導し、小学校および中学校の英語教育に学習者が得意とする体育、算数、数学、理科、社会などの学習内容に焦点をあて、学習者の個人差に焦点をあてた多重知能理論（MI 理論）を応用した教科横断型指導法を考案し、実践的指導によってその効果を見出している。

　MI 理論を提唱したハワード・ガードナー（Howard Gardner）は、アメリ

カの大学や大学院入試に採用される進学適性検査（SAT や MAT）が、IQ とほぼ同じテストで、言語能力と論理・数学的能力のみを測るテストであるのに対し、人間には遺伝と環境によって培われた多重の知能が存在することを指摘した。最近では、スウェーデン、オランダ、イタリアなど欧州においては、小学校のみならず高校に至るまで他教科の内容を教科専門の指導者と外国語としての英語指導者の2人で指導する内容言語統合型学習（Content Language Integrated Learning: CLIL）が盛んに行われており、日常生活で使える英語力の向上に努めている。その結果として、英語力も高い。

　本書における教授法は、このような CLIL 型指導法とほぼ類似しているが、日本の英語教育環境において、著者は単独で、多重知能や教科横断的指導を実践し、英語学習の成果を示している。文法指導やテスト中心の画一的な指導法は、言語能力に焦点を当てた知能テスト（IQ）と何ら変わりはない。何のために外国語を学ぶのかという明確な目的も持たずして、外国語学習に対する興味・関心は高まらない。

　MI 理論に基づく教授法はトピックとその内容に焦点をあて、学習者一人ひとりの興味および関心を引き起こすことになる。学習者の多様性に注目し、他教科の学習内容を理解しながら、協同学習によって学習者が好きな科目や得意な知能を生かし、不得意な知能をお互いに伸ばすことになり、理解、思考、問題処理能力を高める指導を目指している。殊に、抽象的な言語能力や論理数学的能力が未発達な小学生や中学生の段階においては、身体を動かす身体運動的知能、リズムをとる音楽的知能、写真やイメージで理解する視覚空間的知能、人と関わることの大切さを知る対人的知能、自然環境で培われる博物的知能などを生かして体育、音楽、社会、理科などの教科内容の理解に焦点をあてて外国語を学ぶことができる実に有意義な外国語学習・指導法である。

平成28年1月7日

林　桂子

謝　辞

　本書「8つの知能を生かした教科横断的な英語指導法」は、著者自身の博士論文の内容を加筆・修正したものであり、平成27年度科学研究費補助金「研究成果公開促進費」（採択課題番号：15HP5070）を受けて出版へと辿り着くことができた。

　まず、本の内容の構想、作成そして修正の全ての段階において、広島女学院大学大学院言語文化研究科、林桂子教授に大変お世話になった。とりわけ、林教授のご専門でもある多重知能理論については、多くの有益なご教示を承った。また、執筆の過程で挫けそうになった時には、家族のような温かい励ましのお言葉をいただき、何とか最後までやり遂げることができた。林教授の献身的なご指導なしに本書の完成はあり得なかったといっても過言ではないので、言葉ではとても言い表せないぐらいであるが、ここに心より感謝の意を申し上げたい。

　また、本書の土台である博士論文の外部審査にあたっては、慶應義塾大学および明海大学名誉教授で大学英語教育学会（JACET）名誉会長でもある小池生夫先生に遠路、広島までお越しいただき、本研究に関する大変貴重な数々のご助言を承った。特にCLIL（内容言語統合型学習）については、博士論文以降の研究に向けての有益な指針ともなり、小池先生には深く感謝の意を表したい。

　次に、本書は9件の個別研究（授業の実践および観察、アンケート調査などを含む）を実施し、その分析に基づいて作成したものである。これほど多くの事例を盛り込むことができたのも、各学校の先生方が本調査の趣旨を御理解いただき、何回にもわたる調査を快諾して下さったお陰である。本調査へのご協力をいただいた、広島市立早稲田小学校英語主任の脇和之先生、広島市立祇園小学校校長の宮原弥生先生、加藤学園暁秀中学校ディ

レクターのマイク・ボストウィック先生、AICJ 中学校（広島）の桑原副理事長および岩崎教頭先生、広島市立安西中学校校長の遠藤秋実先生には心よりお礼を申し上げたい。

　最後に、本書は科学研究費による出版ということもあり、申請段階から採択後の諸手続き、校正を経て出版に至るまで、溪水社の木村斉子氏には長きに渡ってお世話になった。中でも、初校や再校の段階では、体調不良やパソコンの故障により原稿の提出が遅れたにもかかわらず、辛抱強く待って頂けたことに深謝したい。

2016 年 1 月吉日

　　　　　　　　　　　　　　　　　　　　　　　　二五　義博

目　次

刊行に寄せて……………………………………………………… 林　桂子…　i
謝辞　……………………………………………………………………………… iii

第1章　はじめに …………………………………………………………　3

第2章　理論的背景
2.1　コミュニケーション能力育成のための指導 ……………………　9
2.2　4技能統合の必要性 ………………………………………………　15
2.3　内容重視の英語指導 ………………………………………………　19
2.4　教科横断的な英語指導 ……………………………………………　21
2.5　多重知能理論 ………………………………………………………　25

第3章　小学校英語教育
3.1　現状と課題 …………………………………………………………　43
3.2　ひろしま型カリキュラムの概要 …………………………………　45
3.3　子どもの8つの知能を生かす活動に対する希望調査
　　　　―広島市立早稲田小学校の事例より―………………………　47
3.4　多重知能や教科横断的指導を取り入れた英語学習の成果（1）
　　　　―広島市立早稲田小学校の事例より―………………………　63
3.5　多重知能や教科横断的指導を取り入れた英語学習の成果（2）
　　　　―広島市立祇園小学校の事例より― …………………………　75
3.6　多重知能や教科横断的指導を取り入れた英語学習の成果（3）
　　　　―広島市立祇園小学校の事例より― …………………………　92

第4章　中学校英語教育

- 4.1　現状と課題 …………………………………………… 105
- 4.2　理解度を高めるための教科横断的指導
  　　　―私立加藤学園暁秀中学校の事例より― ……………… 107
- 4.3　コミュニケーション能力、4技能統合や多重知能を生かす教科横断的指導 ……………………………………………… 119
  　　　―AICJ中学校（広島）の事例より―
- 4.4　身体運動的知能を生かした英語指導法 ………………… 141
- 4.5　対人的知能を生かした英語指導法 ……………………… 152
- 4.6　英語使用と学習者の動機づけ
  　　　―イマージョン校と公立中学校の比較検証― ………… 164

第5章　おわりに …………………………………………… 179

参考文献 ………………………………………………………… 195
索引 ……………………………………………………………… 203

8つの知能を生かした
教科横断的な英語指導法
―MI(多重知能)と CLIL(内容言語統合型学習)の視点より―

第1章　はじめに

　本書は、他教科の「内容」を学びながら「言語」も同時に習得するという、教科横断的な新英語指導法を提案する。最近、野球界でも投打の"二刀流"が可能かどうか議論の的となっているが、英語教育の分野でも「内容」と「言語」の同時習得を目指す"二刀流"の英語指導法が実現可能であろうか。本研究の目指すところは、最近ヨーロッパで浸透しているCLIL（内容言語統合型学習）をはじめとする教科横断的指導を日本の小学校・中学校の英語教育で実践した場合、主に動機づけや「聞く」「話す」「読む」「書く」のコミュニケーション能力育成の視点からいかなる効果があるのかを探り、ひいてはこの"二刀流"成功の鍵は何なのかを示唆することにある。その際、本書では単に他教科を活用するということだけにはとどまらない。本研究の主題として、これら教科横断的指導に、8つの知能の活用を目指す「多重知能理論」も組み合わせることによって、児童・生徒一人ひとりの特性にも目を向けた新しい学習者中心の英語指導法を提案していきたいと考えている。

　2011年度からの小学校英語活動の正式実施に伴って、多くの小学校では5年生より英語活動が導入されるようになった。一方で、大学への進学率も年々上昇し、大学においても英語を学習する日本人が増えてきている。つまり、日本人の多くは中学校と高校で6年、小学校や大学での授業も含めれば10数年もの間英語を学んでいることになる。にもかかわらず、Educational Testing Service（2015）が発表したTOEFLスコアの国際比較によれば、2014年1月～12月にインターネット・ベースのテスト（iBT）

を受験した日本人の平均点は120点満点（リーディング・リスニング・スピーキング・ライティング各30点）中70点で、アジア30か国中の27位という結果であった。スピーキングに限れば、日本は30点満点中17点のアジア最下位である。社会に出て行くまでの学校教育で、これほど長い間英語を学んでも真に世界に通用する英語力が身に付かないのはなぜか。また、学年が上がっていくにつれて英語嫌いが増えてしまうのはなぜなのか。

　これらの問いに対する答えを出すのは容易ではないが、筆者は本書のタイトルに関連させて、いくつかの問題点を指摘しておきたい。第1は、日本では小学校から大学まで、大人数をひとくくりにした画一的な英語指導法が伝統的に行われてきたことである。例えば、従来の文法中心の英語学習にしろ、逆に、「聞く」「話す」のみによる会話中心の授業にしろ、クラスを全体として意識したアプローチであり、学習者の言語的知能に強く依存して英語力アップを図ろうというものである。もちろん、英語の授業は言語学習の場であるから、けっして言語の役割を軽視しようというものではない。しかしながら、全ての学習者が言語の使用のみで学習成果を上げられるわけではないと考える。1クラスに30〜40人もいれば、体を動かすこと、音楽やリズム、視覚的な手段、数字を操作すること、他人と関わること、個人での作業、自然環境との関連などによって学びやすい学習者もいるであろう。こういった個人差にもっと着目し、学習者の多様性（＝多重知能）を前提とした「個性重視」の英語指導法を提案すべきではなかろうか。多重知能に基づく学習者中心の指導を取り入れれば、学習者の得意とする知能を効果的に利用できるばかりか、彼らの不得意とする知能や潜在的に持ち合わせる知能も英語学習を通して活性化あるいは覚醒化できると考える。

　第2は、教材内容が英語学習のためだけに作られたものが多く、必ずしも英語学習への興味・関心を高めるものとなっていない点である。もっとオーセンティックなもの、言い換えれば、他教科で実際に学ぶ内容で学習

者の知的好奇心も刺激するCLIL的なものを導入する必要があるのではなかろうか。「個性重視」の視点からしても、学習者によって得意教科は算数（数学）、理科、社会、音楽、体育と様々である。それゆえに、特に初等・中等学校の英語教育においては、他教科の教材内容を活用しながら英語を学習することには、各学習者の動機づけを高めるのみならず、様々な教科領域にまたがる幅広く実践的な場面設定の中でコミュニケーション能力育成を図れる点でも意義があると思われる。さらに言えば、こういった教科横断的あるいはCLIL的な手法は、学習者に強く英語学習を意識させることなく英語の豊富なインプットにもつながり、より質の高い英語教育の実現が可能となるのではないであろうか。

　第3は、現在の英語教育が「将来使える英語の習得」という視点からは必ずしも成功していない点、すなわち、学習者の将来のニーズには対応しきれていない点である。英語というものはあくまでもコミュニケーションの手段であるから、英語が専門の人を除きそれ自体が目的ではありえない。ますます国際化していく時代において、世界の中で、政治、経済、科学、技術、医療、音楽、芸術、スポーツといった様々な分野で活躍する学習者が増えてきている。こうした多様化した社会のニーズに応えるためにも、特に大学英語教育においては、各学習者の専門分野を生かした実践的な英語指導法が必要である。また、大学英語教育だけでなく、本書が主要な対象とする小・中学校段階の英語教育においても、学習者がそれぞれの職業分野で将来活躍することを見据える上で、学習者中心の多様な分野にわたる他教科内容を生かす指導法は必要とされるのではなかろうか。

　そこで本書は、これまでの画一的な英語指導法に異議を唱え、学習者の個性や得意教科を生かした、コミュニケーション能力育成を目指す英語指導法を提唱するため、個人の8つの知能を活用する多重知能理論に基づき、主に小学校および中学校を対象とした調査結果を報告する。

　本書は全体として、以下の仮説を検証していくこととする。

1）学習者は、各々の8つの知能を生かした多様な英語学習活動や英語の授業を望んでいる。
2）多重知能を利用する英語指導法は、学習者のもつ個性や理解力に合わせた方法によって、コミュニケーション能力を高めることが可能である。
3）学習者の多様な知能を活用する教科横断的指導は、英語使用の機会を増やし、語彙習得の面でもコミュニケーション能力育成の面でも効果的である。
4）多様な知能や得意性を生かすことにより、個々の学習者の英語学習に対する動機づけや興味・関心は高まる。
5）学習者の弱い知能や眠っている知能は、協同学習などを通じた教え合いによって、より強められたり活性化されたりしていく。
6）多重知能理論やCLILをはじめとする教科横断的指導を英語教育に応用することにより、4技能を統合的に指導するための効果的な指導案を作成することができる。

　まとめると、本書では、多重知能や他教科を利用した英語指導法が、個人の個性や得意性を生かしたり潜在的な知能を目覚めさせたりすることとなり、学習者の動機づけ、興味・関心や理解力を高めると同時に、語彙習得、コミュニケーション能力育成、4技能の統合的習得などの面で好ましい効果があるのではないかと考えるのである。以上の仮説を検証するために、小学校と中学校での実践指導および学習者の反応について検討していくこととする。
　次に、各章の概要について触れておこう。2章の理論的背景においては、まず、コミュニケーション能力を効果的に伸ばすための英語指導法について理論的な考察を加えていく。そして、このコミュニケーション能力育成の視点に加え、子どもの知的発達の視点からも、4技能統合が必要であることに触れる。さらには、本書が理論的に依拠している内容重視の英語指

導、とりわけ CLIL 等の教科横断的な英語指導の様々な効用について検討する。そして最後には、コミュニケーション能力育成、4 技能統合および教科横断的指導とも密接に関連する形で、ハーバード大学大学院心理学専門のハワード・ガードナー教授が提唱した「多重知能理論」(1983) を導入し、この理論の英語教育（小学校および中学校）への応用を模索することとする。

3 章（小学校）では、上記の教科横断的指導（CLIL など）や多重知能理論に基づきながら、子どもが潜在的に持つ 8 つの知能を生かした多様な小学校英語教育を提案するとともに、算数、社会、理科、図画工作などの教科内容を英語学習活動に取り入れることがいかに効果的であるかを検討する。調査対象としては、筆者自身が担任教員とのティーム・ティーチング方式で実際に英語指導に関わった、広島市内の公立小学校 2 校の実践例を取り上げる。研究方法としては、これらの 2 校でいくつかのアンケートを実施し、子どもたちの活動に対する希望調査、および実践した教科横断型の授業への子どもたちの反応を分析し論じていくこととする。

4 章（中学校）においても、3 章（小学校）と同様の視点からの分析を試み、多重知能をそれぞれ利用する有効な英語指導法を提起する。とりわけ、8 つの知能の中でも中学校でのコミュニケーション能力育成に重要な役割を果たすと考える「身体運動的知能」と「対人的知能」の 2 つに焦点を当てる。また、日本のような EFL 言語環境下でも、数学、音楽、理科、体育、技術・家庭科などの科目内容を中学校英語教育へ導入することが効果的であるかどうかを検討する。実践例としては、広島市の公立中学校と私立の部分イマージョン校、および静岡県内の日本で最初のイマージョン校を取り上げる。ただし、他教科の内容で英語学習することの効果を探るためにイマージョン校での事例を用いてはいるものの、本書の主旨は完全なイマージョン教育をすすめようとしているものではないことは確認しておかなくてはならない。あくまでも本研究は、普通の公立中学校の英語の授業を一部他教科と組み合わせて行うことの効果を模索し、日本人の学習

者に合うような教科横断型の英語学習法を提案しようとするものである。

　以上のように本書の目的は、小学校および中学校を研究対象としながら、学習者の個性を生かす多重知能理論に基づき、他教科の内容を英語教育に一部取り込むことが、4技能を統合するコミュニケーション能力の育成にいかに効果的かを理論・実践の両面で検討することである。本書は、公立の小学校や中学校において、多重知能理論や教科横断的指導（CLILなど）の視点で、これまで見過ごされがちな個人差や多様な知能の存在を考慮に入れた、コミュニケーション能力向上のための新しい英語教育の可能性を示唆するであろう。

第 2 章　理論的背景

2.1　コミュニケーション能力育成のための指導

　コミュニケーション能力育成の効果的指導法を探るため、まず、日本の英語教育に古くから浸透していた、「文法訳読式教授法」に代表される文法重視の指導法について検討してみる。文法に焦点を当て 1 語 1 文を細かく分析しながら母語に翻訳して意味解釈していく方法は、教師にとっては、大人数を対象とした一斉授業がしやすいこと、個々の語彙や文構造に注意を向けることで学習者の高度な分析能力の訓練となること、母語で行われるため複雑な内容でも理解しやすいことなどの利点がある。

　しかしながら、コミュニケーション能力育成という視点からすると、いくつかの問題点が挙げられる。第 1 は、文法のみをいくら習得しても、教室外での自然なコミュニケーションの場面に役立つとはいえない点である。Hymes（1972）によれば、文法知識は個々の実際の状況に対し適切に使用されるのでなければ無意味なものとなるのである。第 2 は、文法を重視しすぎ 1 文ずつを正確に訳そうとすることは、読解からスピーキングまでの 4 つの言語スキルの速度の低下を招き、コミュニケーションの「流暢さ」には繋がらない点である。Savignon（1971）は、言語教師が文法的・音韻的な「正確さ」に注意を向けすぎ、効果的なコミュニケーションという視点を欠いていることを指摘している。第 3 は、文法知識をむやみに増やしていけばよいというのではなく、学習者の理解や使用可能な言語能力へと効果的に繋げるためには、その習得順序にもある程度は目を向けなく

てはならない点である。 Dulay and Burt（1974）や Krashen and Terrell（1983）ら多くの研究者はすでに、文法知識のインプットが子どもの文法発達の順序に応じて体系的に行われる必要があることを明らかにしている。

　以上のような問題点にもかかわらず、筆者は文法をあまりに重視しすぎることに異議を唱えているのであって、コミュニケーションに文法が不要であるということを示唆しているのではない。正確性も含めた高度なコミュニケーション能力を育成するためには、文法の知識が不可欠であることは言うまでもない。Larsen-Freeman（1980）も指摘するように、文法を知らなければ、限定された状況のみでしかコミュニケーションを効果的に図ることはできないであろう。

　近年の日本の英語教育は、文法重視の指導法から、「コミュニケーション能力」を重視した指導法へと向かいつつあるように思われる。文部科学省は、21世紀への転換期にあたって、2002年7月12日に「英語が使える日本人の育成」を目指した新しい外国語教育の方向性を示した。同じくして、2002年4月より施行された中学校の新学習指導要領（文部省告示、1998:12）では、「外国語を通じて、言語や文化に対する理解を深め、積極的にコミュニケーションを図ろうとする態度の育成を図り、聞くことや話すことなどの実践的コミュニケーション能力の基礎を養う」（第2章 第9節 外国語、第1目標）という目標が掲げられた。また、その内容の取り扱いに関して、「教材は、英語での実践的コミュニケーション能力を育成するため、実際の言語の使用場面や言語の働きに十分配慮したものを取り上げるものとする」（同、第2 各言語の目標及び内容等）と定められた。これらの言及は、文部科学省が外国語教育における「コミュニケーション能力」を重視する姿勢を明確に打ち出したことを示すものであり、同時に日本人の外国語能力向上のための新しい指導法への転換を示唆しているものであると位置づけられよう。

　「コミュニケーション能力」を重視する指導法は、文法や訳読を中心と

した指導法への批判として、これまで様々なアプローチが試みられてきた。初期においては、目標言語のみで教えることを目指し、Gouin に始まった「直接教授法」は Berlitz によって用いられた。例えば、Gouin の *L'Art d'enseigner et étudier la langue*（1880；安部訳『ゴアン氏言語教授方案』2008）においては、文学ではなく日常的な言葉を用いて学習する重要性や、翻訳をせずに直接目標言語を使って指導する必要性が強調されている。この教授法は、外国語の学習も幼児が母語を獲得していくやり方で行うべきとの考えに依拠し、基本的な語や文は対話練習などを通して無意識的に覚えていくというものである。週当たりの英語の時間数が限られ、1クラスが大人数でもある学校教育の現場でこれを実施するには困難な点も多い。しかし、初期の段階では話し言葉を重視するため、学習者は自然な形で目標言語での自己表現をするようになり、同時にコミュニケーション能力が高められるという利点がある。

　また、Palmer（1921）が提唱したオーラルメソッドは、学習者の幼児時代の言語学習能力を呼び戻し、まずは模倣や応答といった口頭練習を通して話し言葉を直接習得させ、後に類推を用いて読み書きへと自然に発展させていくという点で直接教授法にも類似している。ただし、Palmer は、母語による翻訳を完全に否定している訳ではない。Palmer は、人間が「読む」「書く」を行うときに、頭の中で文字を音声化したり音声を文字化したりしているという前提の下、「聞く」「話す」の方をあくまでも優先すべきであると主張したのである。

　話し言葉を重視するという意味で、戦後日本の学校英語教育に大きな影響を与え続けているのは、ミシガン大学の Fries（1945）が主唱したオーディオリンガル教授法であろう。この教授法は、アメリカの陸軍特別研修計画（ASTP）の成功の後、行動主義心理学の考え方にも強く影響され、言語行動のパターン（音声と文の組成の両方を含む）に着目した。音声面では、教師の発音を正確に聞いてまねし、最終的には自動的に口から出るほど何回も繰り返して記憶することが求められ、文の組成の面でも同様に、

文型の特徴を十分に把握したうえでパターン・プラクティスとその置換を繰り返して定着が図られる。すなわち学習者は、一定の言語状況という刺激を与えられ、それに対し反応するのであるが、特に発音や文型を意識せずとも「自動的無意識的習慣」になるよう教師により導かれる。この指導法は、訳読式に比べ音声に触れる機会の増加や繰り返しによる知識の定着という面では、現在の小学校や中学校でも一定の学習効果を示しているといえるが、果たしてそれが教室外での自然なコミュニケーションに結び付くかどうかは疑問である。言い換えれば、Rivers (1964) や Ausubel (1968) が指摘したように、単なる機械的な暗記学習に陥ってしまう恐れがあり、意味を重視する現実生活との接点も見出しにくいのが問題点である。

　行動主義的な習慣形成の理論を批判した Chomsky (1965) は、言語規則の高度な抽象性にもかかわらず子供が短期間に母語を習得できるのは、言語獲得装置（LAD）が備わっているからであると主張した。LAD とは人間のみが持つ、経験ではなく状況に応じて新しい文やパターンを生成したり解釈したりする、生得的な言語能力のことである。この主張を前提にして誕生したのが認知学習理論で、その大きな特徴は、教材の十分な理解に基づく練習を通して、個々の学習者の言語能力の内面化を図るというところにある。Chomsky 自体は、必ずしもコミュニケーション能力の重要性に焦点を当てているわけではないが、その基礎となる言語能力が人間に潜在的に備わっていることを示した点が斬新であるといえる。

　Chomsky 以来、様々な英語教授法が提唱されてきたが、ここではコミュニケーション能力育成に観点を絞った形で2つの心理学的なアプローチを論じることにする。一つ目はコミュニカティブ・アプローチで、Chomsky の言う言語能力に加え Hymes (1972) の言う伝達能力の重要性も考慮に入れ、特定場面における言語使用を強く意識した概念・機能的シラバスの考えを背景にして成立したものである。この教授法は、目標言語をコミュニケーションの手段としてとらえ、教室外での実際の状況を想定した活動を数多く取り入れることにより、学習者に言語が状況に応じて異なる使わ

れ方をすることを理解させていく。そのようなコミュニケーションの本質の理解の上に立って、学習者は各場面での言語使用をできるだけ多くするよう求められるのであるが、ここで注意すべき重要な点は、指導者による学習者の誤りの訂正方法である。北林（2003）は、文法的な正確さを求めすぎてコミュニケーションの意欲をそいでしまうのは問題であると指摘し、「このアプローチでは、正確性よりも流暢性（fluency）のほうが優先されるのである」（p.52）と述べている。やはりコミュニカティブな活動で訂正しすぎることは、コミュニケーションの阻害要因となるようである。

　二つ目はKrashen and Terrell（1983）により唱えられたナチュラル・アプローチで、5つの言語入力仮説より構成されている。その中心的な仮説の1つとしては、入力仮説（The Input Hypothesis）が挙げられる。それは、「理解可能なインプット」（Comprehensible Input）によって、学習者が現在の自分の能力より一歩上のレベル（i + 1）の構造を含むインプットに触れ理解することが可能となるというものである。この考えに従うと、学習者はコミュニケーション活動の中で種々のレベルのインプットに接することになるが、指導者ができるだけ学習者のレベルに合わせたインプットを工夫することこそ効果的なコミュニケーション能力の発達に結び付くということになる。このKrashen and Terrellの「インプット仮説」に対し、Swain（1985）は「アウトプット仮説」を唱えた。Swainによれば、言語獲得のためには、学習者が知っていることを生産的かつ最適な形で伝達していく必要があり、「理解可能なアウトプット」を通してこそ自分の目標言語の知識を評価し、さらに深めていくことができるとされる。実際に学校という教室環境の中では、インプットだけでなくアウトプットも言語使用にとって必要不可欠な要素であろう。

　次に、コミュニケーション能力を高める教材について検討してみると、文法重視の教材に対しては、タスク重視（task-based）の教材が提案される。ここで言うタスクとは、J.Willis（1996）の定義によれば、「ある結果を達成すべくコミュニカティブな目的で、学習者により目標言語が使用される

ような活動」(D. Willis and J. Willis, 2001, p.173) のことである。つまり、タスク重視の教材（例えば、医師と患者のロールプレイや騒音公害の問題解決など）を採用することにより、現実生活の様々な場面との接点が生じ、各場面でのオーセンティックな言語使用を促し、さらには形式（form）よりも意味（meaning）を重視することになる。ここでは、Ausubel (1968) もいうように、インプットが真の理解へと結びつき有意味な言語学習が可能となるのである。反対に、あまりに教材で文法のような形式（form）に焦点を当てすぎることは、意味を軽視しコミュニケーションを阻害する要因となろう。コミュニケーション能力の育成という目標において、文法は重要な役割を果たすが、文法中心の指導はその目標の達成を遅らせることになる。

　言語適性の観点から、文法規則の分析力については Skehan (1998) も認めているところである。また、Skehan (1992) は、学習促進のためのコミュニケーションの必要性は認めつつも、学習をもっと効率よく行なうにはタスク重視の教材内であっても正確性（accuracy）や言語形式にも焦点を当てるべきであると指摘する。学習のいずれかの段階では意識高揚（consciousness-raising）の活動を通して、教材内のテーマだけでなく文法自体の重要なパターンにも学習者に注視させる必要があることは疑いない。しかしながら、教材が英語学習の初期の段階からあまりに文法中心に編成されると、明らかにコミュニケーションの重要な要素である流暢性（fluency）の妨げとなってしまうであろう。

　以上の英語教授法の中には、コミュニケーション能力育成という視点でいくつかの重要な示唆を提供しているものもある。しかし、筆者は、これまでのコミュニケーション能力育成の指導法は、「聞く」「話す」のみに片寄っている点、逆に文法を重視しすぎて流暢さを欠いてしまう点、パターンの繰り返しになり実生活での使用に対応しきれていない点、一人ひとりの個性や得意分野を重視していない点、学習者の動機づけを高めたり知的好奇心を刺激したりする教材が必ずしも使われていない点などで十分では

ないと考える。何より問題なのは、「聞く」「話す」か「読む」「書く」のどちらか一方といった二分法に陥ってしまったり、対象の学習者を十把一絡げに捉えて、どういったコミュニケーション指導法が効果的かを論じてしまったりすることであろう。人間が一人ひとり違う以上、それぞれの人にとってのコミュニケーション能力を高めるための手段や方法は異なっていても当然であり、4技能のどれか1つか2つを重要視しすぎたり、40人のクラスを全体として捉えた単一の指導法が全ての学習者に通用すると考えたりするのは危険なのではなかろうか。そこで、本書では、学校教育において日本人のコミュニケーション能力を伸ばすためには、4技能のよりバランスのとれた、また学習者個人の特性にもっと目を向けた、さらに効果的な英語指導法を考えていく必要があるであろうと考える。

　なお、本書のいう「コミュニケーション能力」とは、「聞く」「話す」のことであるとか、言語的能力のことであるとかといった狭義の捉え方をしていない。それは、Brown (2001) も指摘するように「読む」「書く」も含んだ4技能全てに及び、Asher (2003) の指導法にも代表される非言語的な身体による反応をはじめとして、その他にも、リズム、数字や論理性、人との相互作用、視角情報などをも含んだ広義の概念として捉えて論じていくこととする。

2.2　4技能統合の必要性

2.2.1　コミュニケーション能力育成の視点から見た4技能統合の必要性
2.2.1.1　日本における理論と実践

　2008年3月公示の改訂版学習指導要領において、中学校の場合は、実践的なコミュニケーション能力の育成に当たって4技能の統合的指導が目標とされている。小学校5・6学年の場合も同様に、「外国語を用いてコミュニケーションを図る楽しさを体験すること」(第4章第2　内容 (1))と明記されているが、同時に「積極的に外国語を聞いたり、話したりする

こと」(内容 (2)) との記述も見られ、明らかに4技能の中の「聞く」「話す」に重点が置かれている。

　小学校段階でも「聞く」「話す」だけの英語指導では不十分とする先行研究としては、早くに梅本 (2000) が、実践的コミュニケーション能力の基礎を培う意味で「読む」「書く」も必要としていたが、続いて野呂 (2007) が、小学校からの文字を用いた英語指導、特にフォニックスを日本の小学校英語教育に導入する必要性を指摘している。これには、英語の文字と音声の変換ルールの習得から、読み、書きへと発展し、英語学習への意欲をさらに高める利点がある。また新里 (2008) では、4技能を連携させつつ活用することが定着のスピードと深さを増し、結果として総合的な英語力につながるとされた。最近では畑江 (2012) が、絵本を活用することで小学生に無理なく文字へ触れさせ、読み書き指導へとつなげる提案をしている。実践例としては、大阪の天野小学校 (2007) が、2007年度に「聞く」「話す」「読む」「書く」の4技能をバランスよく指導することを明確に打ち出しており、小学校4年生以降は児童の学習負担を過度に増やさない程度の「文字指導」の導入や、子どもの表現の誤りの頻度に応じた「使うための文法指導」の導入を試みている。

　参考までに、大学では、林 (2007c) がディベートを中心にした指導法により、4技能を統合すべきであると主張している。また、林 (2007c) の場合は、4技能の統合を本書の主題でもある多重知能理論と関連させて論じているところが重要である。例えば、ヘレン・ケーラーを題材とした授業を大学で実践し、多重知能を生かしたリーディングからライティングをも含めた4技能の統合的指導法を行うことが、学習者の深い理解につながることを示している。

　中学校以上のレベルでは、文部科学省も4技能の統合的指導を目標に掲げ、日本の学校でも幅広く「聞く」「話す」「読む」「書く」が取り入れられていることから、以下では、日本の学校でまだあまり4技能が取り入れられていない小学校レベルを主な考察対象として論じていきたい。

2.2.1.2　諸外国における理論と実践

　Scarcella and Oxford (1992) は、スキルを分離させる指導法では、言語そのものが目的となり単なる形式や構造の吟味に終わってしまうことが多いと示唆する。反対に、スキルを統合すると、オーセンティックな言語使用による自然なコミュニケーションが可能となり、形式よりも意味に焦点が当てられ、内容そのものへの動機づけを高め、言語をインタラクションの手段として学べるという利点があると両者は主張する。具体的には、初級者に対して「アパートを借りる」や「レストランで食べ物の注文をする」をテーマに、読み書きも含めた4技能統合でコミュニケーション能力育成を図る指導のモデルが提案された。

　また、Brown (2001, pp.98-112) は、コミュニケーション能力の促進には、3つの習熟度レベルに分けた、それぞれのレベルでの4技能の統合的指導が不可欠と考えている。小学校英語教育に対応する初級者レベルを例にとると、「聞く」「話す」では文法、語彙、発話の長さに制限を受けつつも、有意義でオーセンティックにコミュニケーションの様々な側面を学べるものが要求される。一方で「読む」は広告、各種フォームやレシピ、「書く」は各種フォーム、表、メモ、手紙など、簡潔だが現実生活に密接に関わるようなものが必要とされる。ここでは、たとえ初級学習者であっても、読み、書きを含めた指導が行われる重要性が強調されているといえる。

　諸外国の実践例としては、林 (2007a) に基づくと、スウェーデンの場合、英語は初等教育4学年 (10歳) から9学年 (15歳) まで、必修科目として週2～3回の指導が行われている。小学校レベルから、日本のように歌、ゲームやコミュニケーションごっこ中心ではなく、「読む」「書く」「聞く」「話す」の一定水準の保持が目標とされる。例えば、初等教育4学年開始の教科書では、挨拶、家族、季節、時間を表す内容で会話文や長文 (27行) が英語で書かれており、教科書を用いて音読、翻訳、ロールプレイなども取り入れられている。学習者だけでなく教員養成も充実しており、初等英語教育指導者は、言語学的理論に基づき4技能を用いた実践的コミュニ

ケーション指導ができるようになるための訓練を受けている。また、オランダの場合には、英語は初等教育5学年（10歳）と6学年（11歳）で、必修科目として週1回以上（学校により異なる）の指導が行われている。政府により、初等教育のスピーキング、リスニング、リーディングに関して、日常生活において簡単な会話を理解し、話し、読んで理解できるといった到達目標が決められている。ロッテルダムの初等学校では、小学校1学年の4歳～9歳までは、英語母語話者が発音やゲームを中心に指導し、10～12歳の高学年では、オランダ語を母語とする指導者が教科として英語のリーディングやライティングを指導する。高学年では、内容重視の指導が採用され、指導用言語は英語とオランダ語が各50％程度用いられている。以上のようなスウェーデンやオランダの事例は、読み書きを含み4技能を統合した、コミュニケーション能力育成のための日本の小学校英語教育を考える際にも重要な示唆となる。

2.2.2 子どもの知的発達の視点から見た4技能統合の必要性

Piaget（1972）によれば、人間の思考は、対象の認知を感覚と運動に依存する「感覚運動期（0～2歳前後）」、社会化されていない自己中心的な時期で、ごっこ遊びをする「前操作期（2～6歳前後）」、数や量の保存概念、可逆的操作、具体物への論理的思考が可能な「具体的操作期（6～11歳前後）」を経て、形式的、抽象的操作や仮説演繹的思考ができるようになる「形式的操作期（11歳～成人）」へと発達していく。この思考発達段階説からすると、小学5・6年生の発達段階は、だいたい最終段階への移行期、すなわち具体的思考から抽象思考への転換期に当たる。Piagetの考えを小学校の英語教育活動に照らし合わせてみると、従来の歌やゲームの活動のみならず、問題解決型や知的好奇心を刺激する教材の導入も可能となってくる。実際に英語と他教科の内容を比較してみると、Piagetの言う抽象思考の発達に伴い、小学校高学年になると、算数では文章題に対する論理的な解き方、理科ではより高度な実験および結果の分析、社会で

は時事問題に対する批判的思考が要求されるようになる。しかしその一方で、英語の遊びを中心とする授業内容は子どもの知的発達段階に相応しているとは言い難く、英語と他教科の間では内容的なバランスが取れていない。他教科では、学力を伸ばすための当然の手段である「読む」「書く」の学習方法を、英語で意図的に排除していることが学習内容のレベルの低さにつながり、総合的な英語力向上の妨げとなっているともいえる。

　また、Cummins（1980, p.176）は、言語スキルの形態として、対人関係の基本的コミュニケーションスキルであるBICSと、言語の知的理解力のスキルであるCALPとの区分をしている。前者が「聞く」「話す」中心の日常会話など、比較的具体的で抽象度の低い伝達内容を理解する能力であるのに対し、後者は抽象的な思考が要求される認知活動と関連する言語能力である。Piagetの具体的操作期がBICSに、形式的操作期がCALPに対応するであろう。Piagetの説と同様に、CALPの視点からしても、小学校5・6年段階での子どもの急激な思考の発達に呼応した、小学校英語教育への読み書き指導の導入が可能となってくるのである。小学校高学年の子どもは、その発達段階からしても、読み書きの理解が十分に可能なのではなかろうか。

2.3　内容重視の英語指導

―内容重視の指導から「理解のための教育」へ―
　学校教育において、意味内容に焦点を当てた理解のための英語教育を目指すには、内容重視の指導（Content-based instruction）を導入することが重要であると考えられている。Mohan（1986）は、「言語学習と内容理解とを関連づけ、言語を学習の媒体と見なし、コミュニケーションにおける文脈の役割を認識する統合的指導」が必要であると主張する。同様に、Brinton, Snow and Wesche（1989）でも、文法や単語に焦点を当てるやり方でなく、あるテーマの学習を軸に言語を手段として用いながら、自然な

形の言語習得が目指されている。しかし、これら内容重視の英語教育は、単に英語指導のための教材に基づいているのみであることが多く、クラスを全体として捉える画一的な指導法に陥りがちであり、各学習者の興味・関心の多様性や理解力の違いに十分応えているものであるとは言い難い。

よって本書では、より個々人の学習特性に着目するため、Gardner（1983；2006）の提唱する多重知能理論に基づいた、「理解のための教育」の考えを適用していくこととする。理解とは何かを説明するのは難しいが、Gardner（1993）では、「人が理解するとは、学校で得た知識、概念、スキルを、新しい場面や状況で適用できることである」と定義付けされている。さしずめこれを英語教育に当てはめてみると、聞いたり読んだりして分かるというだけでなく、習得した知識等を話したり書いたりも通して、実際のコミュニケーション活動の中で使用できるということになろう。

Gardnerは、重要な教育目標の1つとしての理解へといたる過程として、誰もが潜在的に持ち合わせている8つの多重知能（①言語的、②論理・数学的、③視覚・空間的、④身体運動的、⑤音楽的、⑥対人的、⑦内省的、⑧博物的）の活用を提案した。Gardnerによれば、いかに理解を獲得していくかは、人によって強い知能や弱い知能が存在するので、様々な効果的な方法が考えられるのである。例えば、実験をしてその原因や結果を分析する能力や自然環境に存在する動植物の認識・分類に長けている学習者にとっては、論理・数学的知能と博物的知能が生かせる、理科の学習内容で英語の授業を行うことが理解の点でも効果的であろう。また、グループで話し合うなど協力して歴史上の出来事や人物を演じることが好きな学習者にとっては、対人的知能と身体運動的知能を生かせる、社会科の教材を利用することで英語の授業はよりいっそう理解しやすいものとなろう。しかも、これら他教科の教材は英語学習用に意図的に作られたものとは異なり、実生活でのコミュニケーション場面とも密接に関連する生きた教材なのである。つまり、教科横断的指導を英語教育に導入すれば、実際に生徒が他教科で学んでいる、オーセンティックな教材の使用が可能となるばか

りか、各学習者の得意分野を生かした英語教育が実現できるのである。

2.4 教科横断的な英語指導

2.4.1 教科横断的指導の諸理論

　Gardner の「理解のための教育」という視点からも教科横断的指導の導入は必要であるが、ここではさらに、教科横断的指導の利点を主に小学校と中学校を対象として詳細に見ていく。

　最初に、小学校において、教科横断的な英語指導法は、学習者の知的発達段階からして適切であるのに加え、他にも様々な効用がある。Widdowson（1978）は、「時間的な効率性」と「内容的なオーセンティックさ」の2つの理由を挙げ、学齢期の児童に外国語として英語を教える場合は、他教科やトピックと結び付けて教えるのが効果的としている。確かに、英語活動を他教科と組み合わせれば、会話場面は各教科領域にまたがって広範なものとなり、現実生活の多様な場面で実際に使用できるコミュニケーション能力の育成が可能となろう。また、Brown and Brown（1996）は、学習トピックを算数や社会等の既習内容と関連付け、同時に、教科の垣根を越えた学習スキルやストラテジーに焦点を当てるべきと主張している。例えば、英語は単に手段として、測定、ワープロ技能、情報伝達のための図の作成と解釈、有名人や子どもの生活の年代表や行事一覧などを学ぶことができるのである。さらに Brewster, Ellis and Girard（2002, p.169）は、英語学習における横断的カリキュラムの利点として、①動機づけになり、教師や児童にとって多様性に富んだ授業になる、②色・サイズ・形・時間などの、概念の発達を強化できる、③言語間の相違・読み書き能力・さまざまなコミュニケーションの方法をも児童に気づかせる、④他教科の技能や概念から子どもは学習の仕方を学ぶ、⑤他の教科や概念を強化できる、⑥教材（図表・人骨標本・地図・測定機器など）を言語教育に再利用できる、⑦他教科の教師と協力して指導や立案ができ、言語教師の

疎外感を減らすことができる、⑧事実を探求し、想像力・創造力を養う、の8つを列挙している。重要な点を要約すれば、教科横断的指導は、動機づけ、概念の発達、コミュニケーション、教材や指導の効率性、子どもの思考の発達などの点で効用があるといえる。

次に、中学校においても、教科横断的学習の効用が指摘されている。Krashen(2002)は、初級レベルの学習者にはTPRやナチュラル・アプローチのような教授法が必要であるとしながらも、中級レベルの学習者には教科教育のコースで英語を学ばせるのが効果的であるとしている。言葉よりも教科そのものを重視することは、逆説的に多くの言語習得へとつながるのである。すなわち、Krashenによれば、「教科に関するプロジェクトを課せば、授業に参加し、関連する文章を読み、討論をし、そのような活動を通してより多くの理解可能なインプットを得る。その結果、より多くの言語習得が生じ、文法的な正確さが向上し、語彙数も増加する」(2002；菊川訳、2003、p.23)。実際に、イマージョン教育を日本の中学校で全面的に実施するのは困難だが、英語の授業に他教科内容を一部取り込むことは、多様な活動や言語習得の場を提供しながらインプット量を自然に増やすことになり、内容面からもグループ学習への知的興味やコミュニケーションへの意欲へと結びつくのではなかろうか。

2.4.2　CLIL（内容言語統合型学習）

「内容重視の指導」（以下CBIと略）や教科横断的指導の諸理論とともに、最近ヨーロッパ諸国を中心に普及しているのが「CLIL（Content and Language Integrated Learning）」と呼ばれる内容言語統合型学習である。Coyle, Hood and Marsh (2010, p.1)の定義によれば、CLILでは内容のみ、あるいは言語のみが強調されるのではなく、時として比重のかけ方は変わる場合もあるが双方が織り合わさった形で教え学ばれるとされる。CLILは大きな枠組みを提供するもので様々な要素を内包するが、本書が主題とする教科間連携の側面に限るならば、CLILとは、歴史、地理、理科、数学、

音楽、体育などの科目（の一部）が、内容学習と言語学習の両方に焦点を当てながら、外国語を用いて教えられる方法のことである。言いかえれば、内容学習（他教科や専門トピック）と語学学習（言語知識や4技能）を効果的に結びつけることにより、学習の相乗効果を生み出そうとするのがCLILの重要な目標の1つといえる。

　CLILには4つのC、すなわち、Content（内容）、Communication（言語）、Cognition（思考）、Community（協学）の4つの軸が存在するのが特徴的である。それぞれの軸は既に英語教育学において繰り返し主張されているものであるが、これを4つ1組のシステムとして捉えるなら斬新性があるといえよう。

　4つの軸の1つでもある言語面では、Coyle et al. (2010, pp.36-38) により、学習者が外国語学習を進める際に重要な3種類の言語が設定されている。第1は「学習の言語」で、これは導入する教科内容やトピックの理解に直結する言語材料である。第2は「学習のための言語」と呼ばれる、英語で何かを学ぶために必要な表現や学習スキルで、例えば、学習者への質問・応答やグループワークを進める際に用いられる言語などがこれに当たる。そして第3は「学習を通しての言語」で、これは学んだ言語材料や学習スキルを多様な学習活動を通して定着させていくべきものである。CLILでは、この3種類の言語により、学習者の効果的な言語使用や言語習得が目指されていくという訳である。

　また、CLIL授業における4技能習得は3段階でイメージされる。第1段階でインプット（リーディングとリスニング）がなされ、第2段階では他教科内容を題材とした思考活動や協同学習を含む言語処理が行われ、それが第3段階でのアウトプット（スピーキングとライティング）へとつながる。ただし、CLILの日本の小学校英語教育への適用を考える場合には、今のところリーディングとライティングは除く2技能かもしれないが、将来的には4技能習得を目指すことは可能であろう。

　次に、CLILと他の類似指導法との比較を試みると、CLILとCBIは内

容と言語を統合的に教えることを目指す点では共通しているが、両者は起源において大きく異なる。CLIL はヨーロッパの EFL 環境下で非ネイティブ教師が指導する方式として一般的になったのに対し、CBI は元々アメリカの ESL 環境下の生徒をネイティブ教師が指導するためのものであった。また、CLIL とイマージョンは共に他教科を利用して英語学習する点では類似している。しかしながら、CLIL は、教科内容の指導をする際に数多くの言語面の学習への配慮が行われているのに対し、イマージョンは、教科内容の習得を試みる中で言語の習得は無意識的に目指される場合が多い。CLIL のより具体的な指導方法については、池田(2013)が以下の 10 項目を挙げている。それは、1. 内容学習と語学学習の比重の均等、2. オーセンティック素材(新聞、雑誌、ウェブサイトなど)の使用、3. 文字だけでなく、数字、図版、音声、映像による情報の提供、4. 様々なレベルの思考力(暗記、理解、応用、分析、評価、創造)の活用、5. タスクの多用、6. 協同学習(ペアワークやグループ活動)の重視、7. 異文化理解や国際問題の要素の導入、8. 内容と言語の両面での足場(学習の手助け)の用意、9. 4技能のバランスよい統合、10. 学習のスキルの指導、である。これら 10 項目は CBI やイマージョンとは必ずしも一致しない CLIL に特徴的な指標であろう。

　この CLIL という考えを日本の英語教育に適用しようという試みは、最近になって、渡部・池田・和泉(2011)、笹島(2011)、和泉・池田・渡部(2012)らによって行われるようになった。しかしながら、高校や大学のレベルでは CLIL の授業実践例が多く示されているものの、本書が研究対象としている小学校および中学校については、とりわけ教科横断的な視点からは実践例がほとんど示されていない。

　なお、本書で"CLIL"ではなく"CLIL 的"という表現を多用しているのは、特に小学校の場合、英語を使って新しい教科内容を学ぶというよりも英語の時間で他教科の復習をするという意味合いが濃く、日本の教育現場の実態に合う形で CLIL を広義に捉えているためである。

2.5 多重知能理論

2.5.1 Gardner の多重知能理論の概要

　20世紀初頭のアルフレッド・ビネー（Alfred Binet）の研究以来、人間の知能は伝統的に IQ と呼ばれる物差しでのみ測られてきており、日本の小学校や中学校の教育現場でも IQ が高いか低いかによって全ての学力が決まってしまうかのような錯覚をされる傾向にあった。確かに IQ による数値化は、日本の受験の偏差値教育とちょうど同じように、人間の知能や学力の格付けを行うにはとても便利な指標であった。しかし IQ テストで測定可能なのは、せいぜい読み書きと計算の能力だけである。その IQ の高さのみが、効果的なコミュニケーション能力育成につながるわけでもないであろう。もっと個性あふれる多様な知能を生かした、小学校や中学校の英語教育が可能なはずである。

　このような人間の能力を2つ（読み書き・計算）のみに特化した IQ 偏重の考えに対し、ハーバード大学教授 Howard Gardner（1983；1999）は、心理学的な見地から、人間の知能は従来考えられていたよりもっと複雑なものであるとし、「多重知能理論」（Multiple Intelligences Theory：以下 MI 理論とも略）を提唱した。Gardner によれば、知能は少なくとも8つ（ただし①と②は以前から学校教育で尊重されてきたもの）存在するとされるが、以下でそれぞれの知能の定義を見ていこう。

① **言語的知能**（Linguistic Intelligence）
　話し言葉でも書き言葉でも有効に使用できる能力（言葉で他人と上手くコミュニケーションできる能力）、情報を記憶したり言葉で他人を説得したりできる能力、言語を習得する能力、言葉で物事を考えていく能力。

② **論理・数学的知能**（Logical-mathematical Intelligence）
　問題に対し原因や結果を論理的に分析する能力、数字や量を効果的に操

作できる能力、科学的な思考方法で問題解決していける能力。
③ **視覚・空間的知能**（Visual-Spatial Intelligence）
　空間の大小にかかわらずそのパターンを正確に認識し処理する能力、物事に対して視覚的なイメージを持ちそれを別の形で表現できる能力。
④ **身体運動的知能**（Bodily-Kinesthetic Intelligence）
　身体全体や身体部位（手、足、口など）を使って考えや感情を自己表現できる能力（身体を用いてコミュニケーションがとれる能力）、問題解決や情報処理のため身体を有効に動かせる能力。
⑤ **音楽的知能**（Musical Intelligence）
　音楽の演奏や作詞・作曲をする能力、リズム・メロディ・ピッチなどの音声的刺激のパターンを認識し創造できる能力。
⑥ **対人的知能**（Interpersonal Intelligence）
　他人の気分・感情・動機・意思などを理解した上で他人と上手にコミュニケーションできる能力、他人との相互作用を通して問題解決していける能力。
⑦ **内省的知能**（Intrapersonal Intelligence）
　他人とは異なる自分自身の個性を把握する能力、自分の長所や短所を知った上で上手く活用したり自己統制したりできる能力。
⑧ **博物的知能**（Naturalist Intelligence）
　自分たちの自然環境に存在する動植物や鉱物の種類を認識したり分類したりする能力、それに関連して車やスニーカーといった文化的な人工物を識別する能力。

　以上の8つの知能に加え、最近 Gardner は、9番目の知能として霊的知能（Spiritual Intelligence）の存在の可能性を示唆している。この知能は人間の本質や宇宙の実体など究極的なものを考えていく能力であって、実在的知能としての側面では魅力があるものの、これを人間の知能の1つに加えるべきであるかどうかは疑問であると Gardner 自身も指摘しており、

第 2 章 理論的背景

まだ霊的知能の有無に関して結論には至っていないようである。いずれにせよ Gardner は、知能が単一ではなく複数あることを認める効用を以下のように締めくくっている。

「究極的に重要なのは、人間のさまざまな知能の種類のすべてと、その組み合わせを認識し、育てることである。人がそれぞれ大きく異なっているのは、知能の組みあわせによるのである。このことを認識すれば、少なくとも世界中で直面する多くの問題をよりよく取り扱うチャンスが生まれるだろう。人間の能力の濃淡をうまく扱うことができれば、人々は自分についてよりよい感じをもち、有能だと思うだけでなく、まわりのコミュニティーをよくするために熱心になり、実現する可能性すらあるだろう。おそらく、人間の知能をすべて結集して、倫理的に結びつけることができれば、地球を永続させ、人類を繁栄させることにさえ寄与できるであろう。」(Gardner, 1993, p.12；黒上監訳, 2003, pp.20-21)

この Gardner の言及から 2 つの重要な点が読み取れる。第 1 は、個々の人間が持ち合わせる多様な知能の組み合せを認識し活用することは、世界に存在する諸問題の解決に役立つということである。第 2 は、人間の能力の濃淡、すなわち強い知能と弱い知能の存在を各自が認識したうえで助けあいながら社会の中で活用していくことは、互いの特性を十分に理解しあえる、良好な人間関係に基づくコミュニティー形成にもつながるということである。Gardner は、多様な知能を社会の中で生かし強い知能が弱い知能を補うような形で結集させることにより、それが世界の恒久平和の実現にも貢献することを望んでいるようである。

2.5.2 Gardner 多重知能理論の教育上の特質

この人間が潜在的に持つ 8 つの異なる知能を教育で生かす際には、まず、

学習者の好みや特性に合わせた学習スタイルを確立することができる点が多重知能理論の特徴の1つであろう。GardnerのMI理論を主に初等学校教育に応用しようと試みたArmstrong (2000) によると、表1は、8つの知能とそれぞれの知能の基本概念に基づく学習法、各知能と子どもの好きなことや求めるものとの対応関係を示している。子どもの得意性や好きなことに合わせた知能を選択し教育に生かす工夫をすれば、従来の画一的な指導ではなく、学習者中心の個性や多様性にあふれる指導の実現が可能なのである。

ただし、この表1は子どもがどれか1つだけの学び方を得意とするということを意味するわけではない。子どもによっては2～3かそれ以上の複数の学び方を得意とする者もいるので、得意な知能はあくまでも複合的に考えるべきなのである。また、Gardner MI理論の核心的特徴の1つともいえるのであるが、子どもがある知能を潜在的には得意としているものの、現段階ではそれが顕在化していないといったケースも考えられる。その意味では、特に小・中学校の初期の段階において、子どもの眠っている強い知能を目覚めさせ子ども自身にそれを自覚させるような、多様な知能の覚醒が実体験できる教育を実施することが不可欠であるといえる。

しかし、多重知能理論は必ずしも学習スタイルの確立だけに大きな教育上の意義を求めようというものではない。この理論は、Gardnerにより近年の脳科学の成果を取り入れて作られたものであり、8つの知能はそれぞれ脳の部位と密接な関係にあるのが、もう1つのより重要な特徴である（表2）。言い換えれば、8つの知能を生かす多様な種類の活動を通して、脳の活性化が図られることが多重知能理論の教育上の重要な意義であるといえる。ここで留意すべきなのは、単に動き回るとか、歌うとか、絵を描くとか、人と関わるとかが脳の活性化につながるわけではないという点である。Gardnerの場合、多重知能を生かす活動は、社会的にも価値のある目標を達成するために問題解決や情報処理の手段を通じて、脳のいろいろな部分が活性化されるような形で行われなくてはならないのである。例え

第2章 理論的背景

表1　8通りの学び方

知能	考え方	好きなこと	子どもが求めるもの
①言語的知能	ことばを使って	読む、書く、話す、ことば遊びをする	本、テープ、紙、日記、対話、ディベート、物語
②論理・数学的知能	論理的に	実験する、問いかける、計算する、パズルを解く	実験道具、科学の材料、天文台や科学博物館を訪れる
③視覚・空間的知能	イメージや図で	デザインする、描く、イメージする、いたずら書きする	美術作品、ブロック、ビデオ、映画、スライド、迷路やパズルのゲーム、イラスト入りの本、美術館へ行く
④身体運動的知能	身体的な感覚を通して	踊る、走る、跳ぶ、つくる、触る、身振り・手振りをする	ロールプレイング、劇、動き、何かつくるもの、スポーツやからだを動かすゲーム、触る体験、体験型の遊び
⑤音楽的知能	リズムやメロディーで	歌う、口笛を吹く、鼻歌を歌う、手足で拍子をとる、聞く	みんなで歌う時間、コンサートを聴きに行く、家や学校に音楽がかかっている、楽器
⑥対人的知能	他人と考えをやりとりする中で	リードする、組織する、関わる、巧みに処理する、仲裁する、お楽しみ会を開く	友だち、グループでするゲーム、仲間との歓談、地域のイベント、クラブ、指導者と見習い（実習生）との関係
⑦内省的知能	自分自身のニーズや感情や目標との関連で	目標を設定する、仲裁をする、想像する、計画する、振り返る	秘密の場所、自分の時間、自分で時間管理できるプロジェクト、選択肢
⑧博物的知能	自然や自然の中にあるものを通して	ペットと遊ぶ、庭の手入れをする、自然観察をする、動物を育てる、地球を大切にする	自然のあるところに出かけること、動物とふれあうチャンス、（虫めがねや双眼鏡など）自然を観察するための道具

（Armstrong, 2000；吉田訳, 2002, p.70 より引用）

ば、何かを考えて表現する目的で体を動かしたり、社会に存在する共通の問題を考え解決する目的で協同学習を行ったりするのでなければ、厳密には知能であるとは言えないし、脳の活性化も行われないのである。つまり、個人の好みに合わせた学習スタイルを提案しているというよりむしろ、多様な教育活動を通じて人間の持つ脳機能を十分に引き出そうとしている点が多重知能理論の本質なのである。

表2 多重知能と脳の部位との関連

知能	脳の部位
①言語的知能	左側頭葉と左前頭葉（ブロカ、ウェルニケ領域）
②論理・数学的知能	左前頭葉と右頭頂葉
③視覚・空間的知能	右脳半球の後部
④身体運動的知能	小脳、大脳基底核、運動野
⑤音楽的知能	右側頭葉
⑥対人的知能	前頭葉、側頭葉（特に右脳）、辺縁系
⑦内省的知能	前頭葉、頭頂葉、辺縁系
⑧博物的知能	左頭頂葉（生物と無生物とを区別するのに重要）

（Gardner, 1993 および Armstrong, 2000；吉田訳, 2002, pp.38-41 より作成）

多重知能理論の教育上の特質のもう1つは、脳機能に関わる8つの知能は様々な教科領域の活動を通して活性化が可能なことから、この理論が教科横断的（CLIL的）性質を強く帯びている点である。Armstrong（2000）によれば、表3は、それぞれの8つの知能は様々な教科・領域と密接な関連にあることを示しているが、対人的知能は特定の教科と結びついているというより、対人関係が学べる協同学習を取り入れる全ての教科に関わっている点で例外といえよう。それにも関わらず、多重知能は多様な教科の内容学習を通じてこそ効果的に高められることに疑いはない。

表3　多重知能と教科・領域および教科活動との関連

知能	得意性	教科・領域	教科でできる活動
①言語的知能	ことばが得意	言語、読書、国語、文学、英語・外国語、社会科、歴史、スピーチ	創作文、コミュニケーション能力のためのさまざまな活動
②論理・数学的知能	数字が得意	理科、算数・数学、経済	思考力、コンピュータ・プログラミング
③視覚・空間的知能	絵が得意	工作、製図、美術	視覚的思考ができるコーナー、建築
④身体運動的知能	体を使うのが得意	体育	演劇、武術、競争ではなく協力するゲーム
⑤音楽的知能	音楽が得意	音楽	オルフーシュルワーク・プログラム
⑥対人的知能	人と接するのが得意	なし（休み時間と始業前、放課後）	対人関係のスキル、エイズや麻薬、人種についてのプログラム、カウンセリング
⑦内省的知能	自分のことが得意	道徳	自尊感情を高めるプログラム、カウンセリング
⑧博物的知能	自然が得意	生物、動物学、植物学、生態学	既存の教科の中で「環境」を扱う

(Armstrong, 2000；吉田訳, 2002, p.89 および p.216 より作成)

2.5.3　多重知能を引き出す教え方

　すでに林（2011）においても述べられているように、多重知能を引き出す教え方に関連し、Kagan and Kagan（1998）はその教育的含蓄を① Matching（釣り合い）、② Stretching（伸ばすこと）、③ Celebrating（理解すること）の3つのカテゴリーに分類している。

　Matchingとは、ある知能に秀でている学習者がどのような方法で学べ

ばその知能をより効果的に強められるかである。例えば、論理・数学的知能が強い学習者は、問題や機会の分析を通して最も良く学ぶことができ、問題解決したり現実を理解したりする試みの中で質問すること、実験すること、結果を分析することなどにより利益が得られる。具体的には、"Find My Rule"や"Jigsaw Problem Solving"などのストラテジーを使うことが考えられる。

　次に、Stretchingとは、強い知能と同様に弱い知能も伸ばしていくことであり、その知能の強め方はある知能単独で行うだけでなく、他の知能と複合的に用いることにより8つの知能を全体的に高めることをも意味する。視覚・空間的知能の例を挙げれば、指導者は学習者に地図、図表、チャート、2次元や3次元の模型、画像やビデオを作らせるという手段をとる。また、この知能を伸ばしていく目的で、色、光と陰、線と形、パターンとデザイン、テクスチャーや様々な媒材を含む芸術的要素を取り入れることが探求される。さらに指導者は、学習者にパターンに関するリズムを作らせたり（音楽的知能）、芸術についての作文をさせたり（言語的知能）、自然を主題にして学ばせたり（博物的知能）することで、他の知能とも連動させながら視覚・空間的知能を含む多重知能を統合的に伸ばしていくことができるのである。

　最後に、Celebratingとは、お互いにフィードバックするなどの手段を通じて、自分と他人との知能の差異を認めながら相互の理解を深めていくことである。例えば、身体運動的知能であれば、身体的達成や進歩の記録をつけることにより、この知能はよりよく理解され活性化され得る。つまり学習者は、上手くより多くの物を宙に投げて操れたり、懸垂がより多くできたり、ダンスのステップをもう1つ習得できたりする時、適切なチャート上にできたことを書きとめていくのである。また達成や進歩をすれば、チームまたは個人で生の演技をすることにより、フィードバックしたりお互いを理解しあえたりする機会が与えられる。さらにここでも、他人とのかかわりの中で謙虚な勝利や名誉な敗北を受け入れたり（対人的知

能)、ダンスや演技の記録をできる限りポートフォリオに書き入れて省みたり（内省的知能）することで、学習者の身体運動的知能は他の知能とも連関しながら統合的に活性化されていくのである。

　また、Armstrong（2000）は多重知能を効果的に引き出す教え方として100種類以上の教育活動を含む授業計画リストを作成している。ただし、このリストは特に言語教育を意識して作られたものではなく、教育一般に応用できるように考案されている。そこで表4は、その中から、教科横断的視点を持つものや言語教育にも適用可能と思われるもの、あるいはArmstrongが詳細に説明を加えているもののみを抜粋し作成したものである。表4より教科横断的な視点で重要なことは、表3に補足すると、1つの知能が必ずしも1つの教科分野の教え方とのみ結びついているわけではないという点である。一例をあげると、身体運動的知能が「体育の授業をする」により引き出されることは疑いないが、「料理をする」では家庭科、「つくる体験から学ぶ」では図画工作、「算数セットを活用する」では算数、「クラス劇を演じる」では社会科などの活動によってもこの知能は活性化され得るのである。

　上記のリスト及び表4からいえることは、個性を重視した学習者中心の指導を取り入れ、8つの知能と深い関係にある脳の活性化をも目指すならば、従来考えられていたよりも多様な教え方をしなければならないということである。こういった教え方は、画一的な指導法に陥りがちで平等ではあるが個性を重視しない傾向にある、もっと言えば、個人が潜在的に持つ知能を呼び覚ますことに必ずしも力を入れていない日本の学校教育にとっては重要な示唆となるのではなかろうか。

表4　8つの知能を引き出す教え方

知能	教え方
①言語的知能	本を読む、ブレーンストーミングをする、テープレコーダーを活用する、ことばゲームをする、準備してからスピーチをする、ディベートをする、日誌を書く、文法を覚える、クラスの新聞をつくる、作文を印刷して配布する
②論理・数学的知能	情報を分類する、算数／数学の問題を解く、ソクラテス式の問答をする、理科の実験をする、タイムラインを書く、パズルやゲームをする、ものを量る／計算する、子ども自らが調査や発見を通して問題解決をする、科学的な視点を持つ
③視覚・空間的知能	学ぶ内容を視覚化する、ビデオ／スライド／映画を活用する、地図を活用する、色を多用する、絵画鑑賞をする、想像的な物語を語る、イメージマップを描く、アイディアを描く、絵やイラストを活用する、デザインソフトを活用する
④身体運動的知能	体で表現する、クラス劇を演じる、競争型ゲームと協力型ゲームをする、料理をする、つくる体験から学ぶ、算数セットなどの教具を活用する、ジェスチャーをする、ボディ・ランゲージでコミュニケーションをとる、ものに触ってみる、体を道具として使う、体育の授業をする
⑤音楽的知能	歌う・ハミングする・口笛を吹く、リズムに合わせて歌ったり体を動かしたりする、学ぶ内容を歌にする、音楽鑑賞をする、記憶力を高める音楽を聴く、ＣＤ目録をつくる、作詞・作曲をする、概念を表す音色を出してみる
⑥対人的知能	相互にやりとりをする、二人で話し合う、互いに教え合う、グループで学ぶ、ロールプレイング、グループでブレーンストーミングをする、人間プラモデルをつくる、シュミレーションをする、対立を解決する
⑦内省的知能	１分間の振り返りをする、個別学習をする、子ども自身と学ぶ内容を関連づける、選択させる、プロジェクトを実行する、感情を表す機会をつくる、自尊感情を高めるための活動をする、日記を書く、目標を設定する
⑧博物的知能	自然散策をする、教室の外に目を向ける、植物の世話をする、クラスでペットを飼う、自然に関するビデオや映画を見る、望遠鏡や顕微鏡など自然を観察する道具を使う、百葉箱を使って観察をする、環境学習をする

（Armstrong, 2000；吉田訳, 2002, pp.112-115 より作成）

2.5.4 多重知能理論を英語教育へ適用する効用

　以上は、多重知能理論を教育一般に適用した場合の意義や多重知能を効果的に高める指導法を様々な教育活動の中で考察しているものであり、必ずしも外国語教育のみに特化して8つの知能を生かそうというものではない。そこで次には、この問題を外国語教育という枠組みの中で論じていくこととしよう。Gardner 自体は第二言語教育への応用について触れていないが、この人間の個性や多様な知能を生かした多重知能理論を、日本の英語教育に応用する効用はいくつか指摘できる。本書での小学校および中学校での事例研究に先立って、その利点を日本の英語教育では重要とされる4技能の統合的指導の視点を軸にしながら、以下の3点に簡潔にまとめておくこととする。

　第1は、8つの知能全てが、それぞれ4技能を効果的に高めていくような英語学習活動を包含している点である。音楽的知能を例にとると、特に日本の小学校でよく見られる、踊りながら歌って楽しむというレベルの活動にはとどまらない。歌詞の意味を考えながら読んだり、自分で簡単な表現を使って作詞したり、「読む」「書く」も含めて子どもの脳を活性化していけるような英語学習活動へと結び付けることができる。

　第2は、8つの知能を活用しながら、他教科の内容とも関連した4技能の統合的学習が可能な点である。例えば、視覚・空間的知能を利用して、学習者は英語で動物を紹介する図鑑を読んだりビデオを見たりしながら、分類表にそれぞれの動物の特徴や名称を英語で書き込んでいく。また博物的知能を利用して、動物園に行き、実際に動物を見ながら英語で発話する。ここでは英語を手段として用い、理科の内容学習もしていることになり、より自然な形のインプットや生きた教材を利用した CLIL 的な言語習得が行われているといえる。学習者の中には、理科が好きな子もいれば体育の好きな子もいる。各自が好きな科目内容を多く取り入れて英語学習することは、学習内容への知的好奇心を刺激する意味でも効果的である。一方で、たとえその科目が苦手な学習者であっても、弱い知能を強めることが

できるという意味においては有意義であろう。

　第3は、8つの知能に基づき、4技能のバランスがとれるだけでなく非言語的手段も含めた、多様なコミュニケーション能力育成を図れる点である。例えば、言語的知能により話し言葉と書き言葉の両方で、対人的知能を利用した「読み」「書き」も含むグループワークで、そして身体運動的知能ではジェスチャーや身体表現も通して、広範なコミュニケーション活動の機会を英語学習活動に効果的に取り入れることができるのである。

2.5.5　アメリカの学校における多重知能理論の応用例

　Armstrong（2000）は、Gardnerの提唱した多重知能理論を用いた教え方を、アメリカの小学校全科で実践している1人である。その実践は、英語という語学を教える場合、日本語など他の言語に置き換えるのではなく、絵や運動、音感や概念、自分や他者との関わりといった、8つの知能に置き換えて教えるという考え方に基づいている。たとえ、「読む」「書く」の言語能力を高めることを意図しているにしても、8つの多様な知能を生かすことが効果的とされる。

　例えば、Armstrongの「発明」をテーマにした学習の実践例（pp.126-127）においては、音楽的知能を生かす学習をする際に、「過去の有名な発明に関連がありそうな音楽を聴いてみる」だけにとどまらず、「歌をつくり出す人たちについて書かれた本を読む」や「新しい発明を宣伝するための歌の歌詞を書く」という学習活動も取り入れられている。また、対人的知能を生かす学習をする際には、「ある発明がどのように生まれたかについて話し合うグループをつくる」だけでなく、「発明を完成させるのに、どのような人々の協力が必要だったかについて書かれた本を読む」や「クラスで演じられるような、発明についての劇のシナリオを書く」の「読む」「書く」の活動も同時に行われている。さらに重要なことには、このテーマ学習は、教科横断的（CLIL的）に子どもの知的好奇心を引き出せる内容ともなっている。論理・数学的知能を軸にした学習活動をする場合には、

「発明の基礎になる数式を学ぶ」(算数の内容)、「新しい発明を導き出すための仮説を立てる」(理科の内容)や「過去の有名な発明についてタイムライン上に書き出してみる」(社会の内容)などの活動と組み合わせる形で、「発明の論理的―数学的基礎について書いてある本を読む」や「有名な発明についての課題点を文章にする」の「読む」「書く」の言語技能を向上させる活動も取り入れられている。

　Christison (2005) もまた、Armstrong と同様の視点で、多重知能理論をアメリカにおける外国語学習 (ESL) の授業に適用しようと試み、8つの知能を活性化させるべく様々な学習活動を提起している。それら実践例の中から、Grade3 ～ Middle School 向け (日本の小学校高学年を中心とした年齢層に相当) に作られた英語初級者用教材 "Easy Subtraction" (簡単な引き算) の授業を検討してみたい。この授業の目標は、「100以下の数字を扱う練習をさせる」「引き算の計算に関する能力を高める」「引き算に関連した語彙力の増強を図る」の3つで、主要な授業展開は以下のように要約することができる (p.62)。

1．学習者はハンドアウトに基づき個々人で問題を解き、指導者が巡回して援助をする。その間に指導者は、困難な学習者の名前を書きとめ、グループディスカッションの時に個人的に呼んでフォローをする。
2．指導者は、次のような手がかりとなる有用な単語やフレーズをボードに書いていく。
　The problem is ___. Beginning on the right, ___. On the left, ___. So, ___.
　Take away　Minus　Subtract　Total　Equals
3．学習者は、パートナーと答えのチェックを行う。
4．何人かの代表者が出てきて、ボードに書かれた問題を読み正解を書いていく。その際、次のように声を出しながら問題を読むことが求められる。

"The first problem is eighteen minus seventeen. Beginning on the right, eight minus seven is one. On the left, one minus one is zero. So, eighteen minus seventeen is one."

5．学習者は、指導者の示す例を参考に、2桁の引き算に関する規則を発見し書いていく。

1．Find the answers to each of the two-digit subtraction problems. Write your answers in the space provided.
2．Check your answers with a partner. Be prepared to write your answers on the board.
3．Study the problems and write a rule for subtracting two-digit numbers.
    First   18   34   10   68   50
    Row   − 17   − 14   − 10   − 33   − 20
Rule: _____

(Christison, 2005, p.82 の 3.4 Handout より抜粋)

　この授業例の分析結果、いくつか重要な点が導き出される。1つ目は、指導者の指示を聞いたりパートナーと話したりするだけでなく、数式を読んだり法則性を書いてみたりといった「読む」「書く」の英語活動が効果的に取り入れられ、4技能の統合的育成が図られている点である。2つ目は、数字を効果的に操作し（論理・数学的知能）、他人との相互作用をし（対人的知能）、話し言葉や書き言葉で問題を考え（言語的知能）、数式という視覚イメージを用いている（視覚・空間的知能）意味で、少なくとも8つのうち4つの知能の活性化が意図されている点である。そして3つ目は、英語学習を算数の内容と関連させて、しかも単に数字を発音して覚えるといったレベルではなく、法則性に気付かせ問題解決をさせて、子どもの考える力を高める工夫がなされている点である。ここにおいて、思考に焦点を当てた指導は CLIL 的でもある。

　以上の Armstrong と Christison の実践例は共に、8つの知能と読み書きの学習活動を効果的に組み合わせ、他教科の内容とも関連付けしながら

英語学習を行っている。両者とも単なる遊びではない、子どもの思考発達段階に見合った知的好奇心を刺激するような教材を用いている点でも、複数の多重知能を効果的に伸ばしていくように工夫されている点でも、特に日本の小学校高学年の英語学習活動に十分適用可能であると思われる。

2.5.6 日本における多重知能理論の応用例

多重知能理論を日本の EFL 言語環境下にいかに応用できるかについて考察を試みたものとしては、次のような先行研究が行われている。8つの知能と外国語学習との関連については林（2006a）、Gardner の多重知能理論に基づく理解のための外国語指導、および多重知能理論と4技能の統合については林（2007c）、多重知能理論と協同学習によるライティング指導については林（2006b）などがある。これらを通して、林は、理解の視点でも、4技能の統合の視点でも、協同学習の視点でも、多重知能理論を日本の英語教育に応用することは重要であるとしている。しかしながら、これらの調査は主に大学生を対象としたものであり、小学校・中学校についての調査は行われていない。多重知能理論に基づく外国語指導は CLIL に代表される教科横断的な側面が重要で、4技能を統合したコミュニケーション能力育成のためにも、小学校や中学校について調査する必要があると考える。また、多重知能理論の本質は眠っている知能を目覚めさせることにある。その意味でも、まだ学習者の多くが自らの強い知能や弱い知能を十分には認識していない小・中学校の早い段階を研究対象にすることは大変意義があるのではなかろうか。

したがって、本書では小学校および中学校において、多重知能理論に基づく教科横断型の視点から指導を行い、同時に調査を実施した。その調査内容、調査方法、調査結果について、第3章より述べることにする。

なお、表5は林（2006a）が、Gardner の多重知能理論を日本の EFL 言語環境下の外国語活動に適用するために作成した表である。先に見た、Armstrong が作成したリスト（表4参照）とは多少異なり、林の場合は日

本の自然・文化的環境にも合うと思われる活動を選定している点が特徴的であるといえる。

表5　8つの知能（The Eight Intelligences）を生かした外国語指導

8つの知能	能力	環境	外国語活動
①言語的知能 Linguistic intelligence	自分の意見をことばで表現し、他人を理解し、簡単なストーリーが言える能力。新しい語彙や外国語を学び自然に使える能力。	言語を用いる機会を多くし、子どもの言語的表現や鑑賞に耳を傾ける。	冗談、なぞなぞ、洒落を言う。読み、書き、物語を読む。ゲーム、クロスワード・パズル、語遊び。詩、物語、日記を書かせる。ディベートに興味を持たせる。
②論理・数学的知能 Logical-mathematical Intelligence	数字・量の操作を理解する、原因・結果の原理を見出す、理論 - 数学的能力を用い推論し問題解決ができる、物が浮いたり沈んだりすることを予測できる能力。	数字を用いる、物事を理解し、状況を分析し、因果関係について考えられる状況を子どもに示す。そろばん、電子計算機などを使う。	数を用いて理解し、状況を分析し、白黒の判断を明確にする。表、図形など具体的なものを用いて理解を捗らせる。論理的パズルや方略ゲームをする。文章理解において、現在・過去・未来、原因・結果の原理を見出す、理論 - 数学的能力を用いて推論する。
③音楽的知能 Musical Intelligence	簡単な歌を作ったり、ことばに表せない音を認識したり、リズムやピッチを巧みに扱う能力。	毎日、音楽に触れる、テープレコーダーを用いて聴き、歌い、歌を録音する。	メロディで遊ぶ、様々な速度やリズムを楽しむ。歌い、音楽に合わせて動く。概念を教えるために歌詞を書き直す。音楽の歴史を教える。
④視覚・空間的知能 Visual-Spatial Intelligence	大きい部分的な空間的世界をイメージしたり、3次元的に考えたり、新しい建築からなんらかのものを生み出す能力。	教室や新しい空間などいろんな機会を与えて、空間の材料の配置などを考えさせる。	3次元を思わせる落書き、絵、地図、迷路描きなどをさせる。ばらばらにした文を並べ替える。意味図、チャート、写真、スライド、映画、位相幾何学などを応用する。ストーリ - 記憶にイメージを浮かばせる。

⑤身体運動感覚的知能 Bodily-Kinesthetic Intelligence	身体全体または一部（手、足など）を用いてゲームやダンスをしてコミュニケーションや問題解決を行う能力。	スポーツや手、足、指を用いるなどの身体的活動を行う。	TPR（Total Physical Response）による指導。運動競技やダンスなど身体言語を用いて語彙や文を覚える。劇のロールプレイや舞台の演技者としての機会を与える。
⑥対人的知能 Interpersonal Intelligence	他人を理解し、ともに働き、学校で誰が誰と何を何故しているかなどに気づく能力。	子ども同士がお互いに社会的相互作用によって問題解決、知識を得るための情報入手、話し手の意図などを理解するために話し合う機会を多く与える。	協同学習（cooperative learning）をする。グループ・プロジェクトの課題を与える。文法や意味理解など仲間同士が教えあう機会を与える。グループ・ワークによって社会的問題などの問題解決を含めたディベートをさせる。
⑦内省的知能 Intrapersonal Intelligence	自分自身を理解し、人とどこがどのように異なるか、自分の強い部分と弱い部分を知り、どのように自分を伸ばすことができるかなどを知る能力。	学習者自身の感情、好み、方略を話させ、彼ら自身の願い、恐怖心を理解させてどのように対処するかを考えさせる。	個人的な課題を与え、学生同士でお互いにフィードバックさせる。書かせてジャーナルを作成し、反省の機会を与えるなどする。ポートフォリオを用いる。
⑧博物学的知能 Naturalist Intelligence	自然環境における植物や動物の種の識別能力。	植物や動物の種類を識別できるゲームをする。規則的に野外に出る。植物や動物の図鑑を与える。	テキストの理解を深めるために、美術館訪問や自然鑑賞など野外授業をする。

（林（2006a）より引用）

第3章　小学校英語教育

3.1　現状と課題

　文部科学省（2008a）の「平成19年度小学校英語活動実施状況調査」によれば、全国の公立小学校21,864校の内21,220校が英語活動を実施していた。その活動内容を5・6年生で見た場合、両学年とも「歌やゲームなど英語に親しむ活動」の実施が97％余りと最も多く、次いで「簡単な英会話（挨拶、自己紹介）の練習」が96％余りの小学校で行われていた。また、Benesse教育研究開発センター（2009）の「第1回中学校英語に関する基本調査（生徒調査）」では、小学校英語を経験した2,713名の回答者中、小学校での英語の授業や活動について「内容が簡単だった」が75.2％と一番高く、「楽しかった」がそれに続く70.7％であった。これらの調査から浮かび上がるのは、歌・ゲーム・会話中心の「楽しく」「簡単な」小学校英語活動のイメージである。

　これまで多くの小学校で行われてきた英語活動に関して、筆者が問題点と感じていることを3つ指摘しておきたい。第1は、多くの子どもが英語活動を楽しいと思ってはいるが、それは歌やゲームなどの「遊びの楽しさ」にとどまっているのではないかという点である。今までの英語活動は、特に小学校高学年の児童の知的発達段階にふさわしいレベルの内容といえるのであろうか。また、多重知能理論との関連でいえば、こういった遊びレベルの活動が脳の機能の活性化や、子どもが潜在的に持つ8つの知能の覚醒化に繋がり得るものであろうか。第2は、多くの小学校で行われている

英会話が、決まったパターンのみに基づく「繰り返しの練習」になっていないかという点である。教室内という狭い空間で限られた英語活動時間数の中では止むを得ないのかもしれないが、こういった型通りのコミュニケーション活動が果たして将来に実際に使える英語力へと結びつくのであろうか。そして第3は、『英語ノート』（文部科学省 2009）や『Hi, friends!』（同 2012）の導入に伴い活動内容は多様化しつつあるものの、未だ十分には子ども1人1人の個性に目を向けた指導法がとられていないのではないかという点である。公立小学校の1学級の児童数は30〜40人ぐらいが一般的であり、これだけの大人数であれば各自の興味・関心や得意分野、理解の仕方は様々であり、それらを考慮に入れた学習者中心の指導法が必要なのではなかろうか。

　2011年度からの小学校英語教育の本格導入に続き、2020年度の英語教科化の実施に向けて、以上のような問題点を明らかにし、今までのような仮の姿ではなく我々の進むべき確固たる道を明示しなくてはならない。そこで筆者は、小学校英語教育の新しい方向性として、多重知能理論を利用した、教科横断型英語活動（＝他教科の内容を通して英語を学ぶCLIL的な活動）の導入を強く提言したい。文部科学省の新学習指導要領（2008年3月公示）においては、英語活動と他教科との連携に関して以下のように述べられている。

> 「指導内容や活動については、児童の興味・関心にあったものとし、国語科、音楽科、図画工作科などの他教科等で児童が学習したことを活用するなどの工夫により、指導の効果を高めるようにすること」（第3.1.(4)）

　他教科の内容と組みあわせる英語指導法は、学習者側と指導者側の双方にとって好都合であると思われる。なぜなら、CLIL的英語指導は子どもにとって内容に関する知的好奇心を引き出すような授業展開が可能である

のに加え、1人で多くの教科を教える小学校の担任教師にとっても他教科の復習を英語教育へ効果的に取り入れることができるからである。しかし、一部イマージョン校の事例を除き、他教科との連携を主眼に英語活動を行っている全国の公立小学校は依然として少ないであろう。

そこで本章は、「ひろしま型カリキュラム」の名の下に、従来の歌やゲームに加え社会や算数の教材内容で英語を教えることも取り入れている、広島市の公立小学校の事例を取り上げる。そして、多重知能や他教科の内容を小学校英語教育に適用する可能性を探るべく、筆者が英語指導に関わった複数の小学校における授業実践例の報告やアンケート調査結果（学習者の英語学習活動に対する希望および授業実践への実際の反応）の分析を行いたい。すなわち、多重知能を生かした教科横断的指導が知的好奇心を刺激し、実生活の様々な場面に対応したコミュニケーション活動を促進し、子どもの多くの知能を活性化させたり個性を重視したりする意味でも、小学校英語教育にとっていかに重要であるかを検討していくこととする。

3.2 ひろしま型カリキュラムの概要

教科横断的指導と多重知能理論の視点から実践した授業例の検討に入る前に、本研究の調査校が依拠する「ひろしま型カリキュラム」（以下、「ひろしま型」と略）について触れておくこととする。ひろしま型は、広島市の公立小学校で、2007年度より3年計画で一部の研究モデル校を中心に段階的な試行が始まり、2009年度には広島市の大半の小学校が参加し、2010年度からは全面的に実施されている。広島市は教育特区としての指定を受けていることもあり、英語を教科の1つ、つまり英語科として実施しているのが特徴である。対象者は5・6年生で、週に45分授業1回と15分帯時間3回で計4回、年間35週で70時間分の英語科授業が設定されている。45分授業では担任教員と英語指導アシスタント（主に英語能力に優れた日本人）とのティーム・ティーチング方式がとられ、15分帯時間

では担任教員のみによる指導が行われている。なお、15分帯時間は、毎日の昼休憩後の時間帯に、主に算数などの基礎学力充実や英語に慣れ親しむことを目的として、正規の授業時間を3分の1ずつに分割する形で実施されている。

　ひろしま型の目標は、「英語を聞いたり話したりする力の基礎を養うとともに、楽しんでコミュニケーションを図ろうとする態度を育成する」(広島市教育委員会, 2007)ことで、「読む・書く」は原則として行っていない。「聞く・話す」の活動を中心に2年間で学習する単語は、身の回りのものや理科・社会の教科横断的分野に関わるものも含んで、計500語(5年生で310語、6年生で190語)である。ただし、ひろしま型では単語の暗記を強制しているわけではなく、言葉への気づきを重視しながら、あくまでも児童が英語に慣れ親しむことを優先している。

　ひろしま型の具体的な活動内容は大きく2つに分けられている。まず15分帯時間において、児童は絵カードを見ながら単語の発音を繰り返し行い、カード・ゲームなどを通してその定着を目指す。次に45分授業においては、15分帯時間で学んだ単語も用いながら、歌を聴いたり歌ったり、重要な会話表現に慣れ親しんだり、様々なゲーム・インタビュー・ロールプレイその他の方法でコミュニケーション活動を行ったりする。最近のひろしま型に特徴的なことは、「連想クイズ作成」をテーマにした45分授業にも見られるように、子どもに考えさせ、創造力を育てる指導案も積極的に取り入れられている点である。とりわけ、社会・算数・理科・図画等の他教科との関連に一部基づいた、思考力を高める学習内容も指導案に多く盛り込まれており、ひろしま型ではCLIL的な横断型学習にも対応できるように英語の授業が準備されているといえる。

　次項以降に本研究が取り上げている授業実践例は、いずれも「ひろしま型カリキュラム」の教材を利用して、筆者が調査対象校の各担任教員とのティーム・ティーチング方式で実際に指導したものである。ただし、ひろしま型においては、指導案の大きな枠組みを逸脱しない範囲内で細部の指

導法は個々の学校に任されているのが特徴的である。そのため、毎回の授業を実施するに当たっては、各学校で詳細な部分の指導について、つまり、ひろしま型の教材に基づき各学校の実態や教育方針にも合わせ、どのような色付けをしていくかについての打ち合わせの時間も設けられている。その打ち合わせの結果、本研究の授業例は、学習者中心の指導を重視するという方針の下、多重知能理論や教科横断的指導にとりわけ焦点を当てながら、独自の視点から実践を試みたものである。先に述べた通り、ひろしま型にはその指導案に他教科と関連する部分は多く見られるものの、ひろしま型自体が多重知能理論を利用する教科横断的指導を目指しているものではないことを断わっておきたい。

3.3 子どもの8つの知能を生かす活動に対する希望調査
—広島市立早稲田小学校の事例より—

3.3.1 研究課題

本調査では、多重知能理論の小学校英語教育への適用を探るにあたって、子どもがどのような英語学習活動を希望しているかを明らかにすることを目的とし、以下の3つの研究課題を設定した。
① 公立小学校5・6年生の学習者は、どのような種類の英語学習活動を希望しているか。
② 個々人の得意な知能にはどの程度の多様性が見られるか、また、どの知能の導入が小学校英語教育に望ましいと思われるか。
③ 英語学習活動への希望に関して、5年生と6年生の間では差異が見られるか。

3.3.2 対象校および対象者について

広島市が実施する「ひろしま型カリキュラム」で英語を学んでいる、広島市立早稲田小学校の153名の学習者（5年生3クラス計85名、6年生2クラス計68名）が2008年度において無記名式のアンケート調査に参加した。

早稲田小学校は、広島市の公立小学校の中では学力的に平均からやや上位のレベルに位置し、学習意欲の高い児童が多いのが特徴である。この小学校では、2008年5月に5・6年生を対象として英語科の授業が初めて導入されており、アンケートによる希望調査は学習者が英語を学び始めて間もない2008年6月に実施された。

3.3.3 分析方法

アンケート調査は選択式および自由記述式にて実施されたが、選択式の分析は4点法を用い、「とても」と「まあまあ」を肯定的回答へ、「あまり」と「まったく」を否定的回答へ分類する。小学校の調査に4点法を用いた理由は、小学生にスケールをあまりに細分化して聞くのは分かりにくいためと、4点法は肯定的評価と否定的評価がより明確に出やすいための2つの理由からである。また、平均値で分析する際には、仮に「とても」= 4、「まあまあ」= 3、「あまり」= 2、「まったく」= 1として計算することとする。

多重知能理論の8つの異なる知能それぞれに対しては、Kagan and Kagan (1998) および Armstrong (2000) の研究に基づいて英語活動を4つずつ選定し、便宜上、A〜H群に分類したうえで分析や比較考察を行う。選定された全ての英語活動は、小学校高学年児童の知的発達段階を考慮しながら彼らに可能と思われるものであり、これらの活動のほとんどは、アメリカの英語学習（外国語としての）における同じ年齢集団に対しすでに実践されているものばかりである。活動の中には2つ以上の知能に関わっているように思えるものもあるが、分類はそれぞれ8つの知能のメイン・アイディアによって決定づけられている。例えば、「英語の歌詞を読む」は、音楽やリズムに密接に関わる知能を活性化する一助となるべく、一連の音楽中心の英語学習活動の一部として音楽的知能に分類されている。「コンピューターを使った英語学習をする」では、数の操作を必要とする活動が多く含まれたり、場面を切り替えながら次への展開を予想すると

いった論理的思考力が要求されたりするので、論理・数学的知能に区分されている。また、対人的知能の各活動は「人との関わりで行う学習」を、内省的知能の各活動は「個人で行う学習」をそれぞれ主要な指標として選定されている。

加えて、本希望調査の分析においては、各群の英語活動に技能別の視点、すなわち、「聞く」「話す」「読む」「書く」の4技能および「発音」「語彙」などの指標も盛り込むこととする。

3.3.4　研究の結果と考察

アンケートによる希望調査の結果は、小学校5・6年生の子どもが望む英語活動の種類は著しく多様であり、8つの異なる知能や英語の4技能全てに関わっていることを示している。このことは、小学校で英語学習を行う際には、学習者中心の指導を考慮に入れるならば、個々人の得意性や多様性を重視した活動を選定することが最も重要であることを意味するであろう。

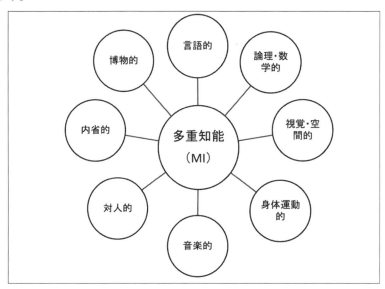

最初に、A群の言語的知能（表1）について考察すると、5年生では4つの活動全てで「まあまあ」が一番多かったのに対し、6年生では各活動への好みが5年生よりも明確な形で「まあまあ」と「あまり」へと分かれる結果となった。特に、「外国の人に手紙を書く」では、5年生よりも6年生の方で否定的意見の割合が26.7％も多く見られた。また、4技能の指標別には、両学年の学習者ともに活動(3)-(4)の「読む」「書く」よりも活動(1)-(2)の「聞く」「話す」の方を期待している。しかしながら、5年生の70％近くと6年生の半数近くが活動(3)-(4)の「読む」「書く」に対しても肯定的回答をしたという事実は、学習者の4技能の好みにおける大きな相違を明らかにしているものといえる。

表1　＜A群＞言語的知能を利用した英語活動

N = 85（5年），68（6年）（回答者中の％）

	4技能	とてもしたい		まあまあしたい		あまりしたくない		まったくしたくない	
		5年	6年	5年	6年	5年	6年	5年	6年
(1)先生の話を英語で聞く	聞く	22 (25.9)	16 (23.5)	53 (62.4)	32 (47.1)	10 (11.8)	18 (26.5)	0 (0)	2 (2.9)
(2)聞かれたことに英語で答える	話す	31 (36.5)	10 (14.7)	38 (44.7)	34 (50.0)	16 (18.8)	19 (27.9)	0 (0)	5 (7.4)
(3)外国の童話を読む	読む	28 (32.9)	17 (25.0)	29 (34.1)	21 (30.9)	27 (31.8)	24 (35.3)	1 (1.2)	6 (8.8)
(4)外国の人に手紙を書く	書く	25 (29.4)	11 (16.2)	34 (40.0)	18 (26.5)	22 (25.9)	23 (33.8)	4 (4.7)	16 (23.5)

次に、表2から論理・数学的知能を主に利用した英語活動について考察してみよう。この知能では、活動(5)-(8)の全てにおいて、「とても」の割合が両学年ともに一番高かった。活動(5)の「数字のビンゴゲームをする」については、すでにしばしば言われていることであるが、子どもはゲーム形式の活動を好むということがここでも証明されている。その一方で、多くの学習者が数のゲームで楽しめるということだけにはとどまらず、数を聞いて記憶したり、コンピューターを利用したり、値段を計算したりといったより高度な数の操作や論理的思考が要求される活動をも好んでいる点が重要である。特に、算数が好きな子どもにとっては、この論理・数学的知能を利用する英語活動は彼らの知的興味を引き出す意味でも、とても効果的と考えられる。学年別に見ると、5年は活動(5)のビンゴゲームが圧倒的に多かったのに対し、6年は活動(7)のコンピューターを使った英語学習が最も多かったのは興味深い。これは、6年の方が単純なゲームのような遊びの活動よりも、複雑な思考活動への要求が高くなってくることの表れであろう。

表2 ＜B群＞論理・数学的知能を利用した英語活動

N = 85 (5年), 68 (6年) (回答者中の%)

	4技能	とてもしたい		まあまあしたい		あまりしたくない		まったくしたくない	
		5年	6年	5年	6年	5年	6年	5年	6年
(5)数字のビンゴゲームをする	聞く	68 (80.0)	46 (67.6)	11 (12.9)	15 (22.1)	4 (4.7)	6 (8.8)	2 (2.4)	1 (1.5)
(6)聞いた電話番号を記憶し、別の人に伝える	聞く 話す	46 (54.1)	32 (47.1)	28 (32.9)	22 (32.4)	9 (10.6)	8 (11.8)	2 (2.4)	6 (8.8)
(7)コンピューターを使った英語学習をする	聞く 読む	60 (70.6)	55 (80.9)	17 (20.0)	11 (16.2)	7 (8.2)	2 (2.9)	1 (1.2)	0 (0)
(8)外国のお金で買い物ごっこをする	聞く 話す	37 (43.5)	28 (41.2)	27 (31.8)	19 (27.9)	14 (16.5)	14 (20.6)	7 (8.2)	7 (10.3)

論理・数学的知能を利用した活動の場合と同様に、表3の視覚・空間的知能に関わる活動(9)-(12)についても、6年生の活動(12)「絵や写真のカードを見ながら単語を覚える」を除く全項目で「とても」が一番高い割合を占めた。中でも活動(10)のアニメや映画を利用する英語学習については、5年生の7割以上と6年生の6割以上が「とてもしたい」と回答した。4点法の平均値の計算において、活動(12)の学年間の差が0.50以上見られたのは、活動(12)が絵カードを見て発音を繰り返すような単純なタスクに主に基づいていることに起因するであろう。学年が進むにつれて、こういった思考を要しないパターン練習は退屈と感じられ好まれなくなるようである。他方で、絵・写真・アニメ・映画・マンガといった視覚・空間的知能を利用した活動に対し、全般的に肯定的回答が多いという事実からは、小学校高学年の子どもには耳や口だけでなく目も利用する視覚教材を豊富に利用する方が英語学習への意欲を高める上でも有効であるということが分かる。ちなみにCLILでも、視覚教材は言語と内容を統合して学習する重要な足場材料の1つと位置づけられている。

表3　＜C群＞視覚・空間的知能を利用した英語活動

N = 85（5年）, 68（6年）（回答者中の％）

	4技能他	とてもしたい		まあまあしたい		あまりしたくない		まったくしたくない	
		5年	6年	5年	6年	5年	6年	5年	6年
(9)聞いた単語の絵をかく	聞く	49 (57.6)	26 (38.2)	23 (27.1)	23 (33.8)	12 (14.1)	12 (17.6)	1 (1.2)	7 (10.3)
(10)外国のアニメや映画を見る	聞く	62 (72.9)	41 (60.3)	17 (20.0)	15 (22.1)	5 (5.9)	10 (14.7)	1 (1.2)	2 (2.9)
(11)英語で書かれたマンガを読む	読む	36 (42.4)	24 (35.3)	30 (35.3)	17 (25.0)	17 (20.0)	14 (20.6)	2 (2.4)	13 (19.1)
(12)絵や写真のカードを見ながら単語を覚える	単語	40 (47.1)	19 (27.9)	37 (43.5)	27 (39.7)	8 (9.4)	16 (23.5)	0 (0)	6 (8.8)

表4の身体運動的知能を利用した英語活動では、5年生の3分の2近くと6年生の半数以上が、活動(15)の「スポーツをしながら英語を学ぶ」を「とてもしたい」と肯定的に回答をした。その一方で、平均値において6年生が5年生を0.48-0.65の差異で下回ったのは、活動(13)の「ジェスチャーをする」、活動(14)の「英語で劇をする」と活動(16)の「おどりながら体の名前を覚える」である。とりわけ、両学年間の差異が平均値で最も顕著に見られるのは活動(16)で0.65の差が見られた。Piaget（1972）の考えを適用するならば、ジェスチャーしたり踊ったりといったあまり思考を伴わない単純な動作が6年生児童の知的発達段階にふさわしいものであるかどうか疑わしい。6年生では、ただ単に体を動かすだけでは飽きてしまいやすく、例えばスポーツのように戦術を考えながら行ったり、互いに声をかけてパスするようなコミュニケーションをとったりできる活動がより好ましいといえる。なお、「英語で劇をする」において6年生で否定的回答が比較的多いのは、演ずることへの恥ずかしさも影響していると思われる。

表4 ＜D群＞身体運動的知能を利用した英語活動

N = 85（5年）, 68（6年）（回答者中の％）

	4技能他	とてもしたい		まあまあしたい		あまりしたくない		まったくしたくない	
		5年	6年	5年	6年	5年	6年	5年	6年
(13)ジェスチャー(身ぶり・手ぶり)をする	聞く	36 (42.4)	17 (25.0)	31 (36.5)	18 (26.5)	14 (16.5)	24 (35.3)	4 (4.7)	9 (13.2)
(14)英語でげきをする	聞く 話す	29 (34.1)	9 (13.2)	20 (23.5)	18 (26.5)	25 (29.4)	26 (38.2)	11 (12.9)	15 (22.1)
(15)スポーツをしながら英語を学ぶ	聞く 話す	54 (63.5)	35 (51.5)	20 (23.5)	15 (22.1)	9 (10.6)	14 (20.6)	2 (2.4)	4 (5.9)
(16)おどりながら体の名前を覚える	単語	36 (42.4)	14 (20.6)	32 (37.6)	22 (32.4)	13 (15.3)	18 (26.5)	4 (4.7)	14 (20.6)

表5の音楽的知能を生かした英語活動を分析すると、身体運動的知能の場合と同様に、ここでも5年生と6年生の差異が顕著に表れた。活動(17)-(20)の何れでも、5年生の大半が「とても」または「まあまあ」の肯定的回答を選択したのに対し、6年生では否定的回答をするものが5年生に比べてより多く見られた。ひろしま型カリキュラムの指導案では、活動(17)の「英語の歌をきく」と活動(18)の「英語の歌を歌う」は毎授業のように導入されているが、6年生の約30％は歌を歌いながら英語学習することにためらいがあることに注目すべきである。身体運動的知能を利用した踊りだけの活動と同じく、音楽的知能を生かす英語学習も高学年になればなるほど必ずしも好ましいものであるとはいえないであろう。それにもかかわらず、ひろしま型では導入されていないが、活動(19)の「英語の歌詞を読む」や活動(20)の「わかった歌詞の言葉を書く」を「とても」または「まあまあ」したいと回答した者は5年生で7割前後、6年生で5割前後いた。技能別の観点からすると、歌を軸とする英語学習活動に関し、「聞く」「話す」のみならず「読む」「書く」にも興味・関心のある小学校高学年の学習者が少なからずいることは大変興味深い。

表5　＜E群＞音楽的知能を利用した英語活動

N = 85（5年), 68（6年）（回答者中の％）

	4技能	とてもしたい		まあまあしたい		あまりしたくない		まったくしたくない	
		5年	6年	5年	6年	5年	6年	5年	6年
(17)英語の歌をきく	聞く	53 (62.4)	27 (39.7)	25 (29.4)	30 (44.1)	6 (7.1)	9 (13.2)	1 (1.2)	2 (2.9)
(18)英語の歌を歌う	話す	43 (50.6)	19 (27.9)	23 (27.1)	29 (42.6)	14 (16.5)	13 (19.1)	5 (5.9)	7 (10.3)
(19)英語の歌詞を読む	読む	18 (21.1)	13 (19.1)	43 (50.6)	22 (32.4)	23 (27.1)	24 (35.3)	1 (1.2)	9 (13.2)
(20)歌をきいて、わかった言葉を書いてみる	書く	26 (30.6)	11 (16.2)	31 (36.5)	21 (30.9)	28 (32.9)	27 (39.7)	0 (0)	9 (13.2)

続いて、人と関わりながら学習するのが好きか、それとも個人を主眼に置いて学習するのが好きかの視点で考察してみよう。まず、表6の他人との関わりを重視した対人的知能を利用する英語活動では、活動(23)の「グループでゲームをする」と活動(24)の「友だちとわからないところを教えあう」が、両学年の児童ともに「とてもしてみたい」好ましい活動であった。それとは対照的に、活動(21)の「英語でインタビューする」と活動(22)の「グループで調べたことを英語で発表する」においては、主として6年生の方で否定的回答の割合が高かった(活動(21)—45%、活動(22)—57%)。これは恐らく、学年が上がるにつれて、仲間内でやる相互作用的なゲーム活動や分からないところの教え合いは積極的にできても、インタビューでクラス内を歩き回ってより多くの人と関わったり、クラス全体の前で話したりすることを恥ずかしがり躊躇してしまう学習者が増えることに密接に関係していると思われる。これには、高学年になるほど、日頃の授業から子どもに人前で自分の意見を進んで述べる機会を多く与えておくことが必要であり、こうした学級の雰囲気作りが英語の授業でもクラス全体の前での気楽な英語使用に繋がるであろう。

表6　＜F群＞対人的知能を利用した英語活動

N = 85（5年），68（6年）（回答者中の％）

	4技能	とてもしたい		まあまあしたい		あまりしたくない		まったくしたくない	
		5年	6年	5年	6年	5年	6年	5年	6年
(21)英語でインタビューする	話す	30 (35.3)	14 (20.6)	31 (36.5)	24 (35.3)	18 (21.2)	20 (29.4)	6 (7.1)	10 (14.7)
(22)グループで調べたことを英語で発表する	話す	27 (31.8)	6 (8.8)	32 (37.6)	23 (33.8)	22 (25.9)	24 (35.3)	4 (4.7)	15 (22.1)
(23)グループでゲームをする	聞く 話す	57 (67.1)	51 (75.0)	25 (29.4)	13 (19.1)	2 (2.4)	3 (4.4)	1 (1.2)	1 (1.5)
(24)友だちとわからないところを教えあう	聞く 話す	45 (52.9)	29 (42.6)	31 (36.5)	29 (42.6)	5 (5.9)	8 (11.8)	4 (4.7)	2 (2.9)

人との関わりで行う対人的知能とは反対であるが、自らを振り返りながら行う内省的知能を活用した英語活動（表7）においても、5・6年生の間での好みの違いが明らかとなった。5年生の85％が活動(26)の「苦手な発音を繰り返し自分で練習する」に、83％が活動(27)の「本やビデオを使って自分で学習する」にそれぞれ肯定的な回答をした。一方で、6年生の半数近くは、こういった自主的な学習に基づく活動を必ずしも好んでいるわけではなかった。また、技能別には「書く」の範疇に入る活動(25)の「英語で日記を書く」では、6年生の平均値（「とても」＝ 4～「まったく」＝ 1とした計算）が 2.21 と全活動中で最も低かった。6年生学習者の「書く」活動に対する反応、すなわち「書く」の好き嫌いは大きく二分される結果となったのである。興味深いことに、これらの考察から分かるのは、グループ学習と個人学習、および4技能に対する好みの違いは5年生よりも6年生の方がより明確になってくるということである。

表7　＜G群＞内省的知能を利用した英語活動

N = 85（5年），68（6年）（回答者中の％）

	4技能	とてもしたい		まあまあしたい		あまりしたくない		まったくしたくない	
		5年	6年	5年	6年	5年	6年	5年	6年
(25)英語で日記を書く	書く	23 (27.1)	6 (8.8)	29 (34.1)	22 (32.4)	25 (29.4)	20 (29.4)	8 (9.4)	20 (29.4)
(26)苦手な発音をくり返し自分で練習する	発音	38 (44.7)	16 (23.5)	34 (40.0)	22 (32.4)	9 (10.6)	25 (36.8)	4 (4.7)	5 (7.4)
(27)本やビデオを使って自分で学習する	聞く読む	36 (42.4)	10 (14.7)	35 (41.2)	25 (36.8)	11 (12.9)	25 (36.8)	3 (3.5)	8 (11.8)
(28)自分の気持ちや感情を英語で表す	話す	26 (30.6)	14 (20.6)	37 (43.5)	25 (36.8)	20 (23.5)	18 (26.5)	2 (2.4)	11 (16.2)

　最後に表8より、日本の小学校ではまだあまり導入されていない博物的知能を生かした英語活動を検討してみよう。この知能を利用した活動に対

する学習者の期待度は、5年生の平均値で3.26-3.51、6年生の平均値でも2.76-3.12と全般的に高かった。こういった数値は、活動(29)および(32)の動物園や学校外での野外英語活動や、活動(30)の実際の植物や花といったオーセンティックな教材を使用する英語学習が、日本の小学校高学年の児童に対し好ましいことを示唆するものである。子どもは教室内で学ぶだけでなく、教室外に出て自然の中で学んだり、本物の動植物を目にしたりしながら英語学習することがとても好きなのである。

表8 ＜H群＞博物的知能を利用した英語活動

N = 85（5年），68（6年）（回答者中の％）

	4技能	とてもしたい		まあまあしたい		あまりしたくない		まったくしたくない	
		5年	6年	5年	6年	5年	6年	5年	6年
(29)動物園に行って動物の単語を覚える	単語	52 (61.2)	33 (48.5)	23 (27.1)	18 (26.5)	9 (10.6)	9 (13.2)	1 (1.2)	8 (11.8)
(30)実際の植物や花を見て、名前をあてる	単語	50 (58.8)	28 (41.2)	28 (32.9)	21 (30.9)	7 (8.2)	12 (17.6)	0 (0)	7 (10.3)
(31)今日の天気を英語で言ってみる	話す	37 (43.5)	24 (35.3)	35 (41.2)	22 (32.4)	11 (12.9)	15 (22.1)	2 (2.4)	7 (10.3)
(32)学校の外を歩き、何が見えるか英語で言う	話す	48 (56.5)	18 (26.5)	23 (27.1)	26 (38.2)	13 (15.3)	14 (20.6)	1 (1.2)	10 (14.7)

図1-1・2は、8つそれぞれの知能に含まれる4つの英語活動について、「とても」と「まあまあ」の肯定的回答を4つ全部合計した数値を知能ごとに比較したものである。その結果、まず5年生では、論理・数学的知能、視覚・空間的知能、対人的知能、博物的知能を利用した英語活動の方が、言語的知能、身体運動的知能、音楽的知能、内省的知能を利用した英語活動より肯定的回答が目立って多いことが分かった。この差異により、5年生は後者の4つの知能よりも前者の4つの知能を得意とする学習者が多いことが示唆された。この8つの知能の強弱は、6年生においても論理・数

学的知能、視覚・空間的知能、博物的知能、対人的知能の順番に肯定的回答が多く、5年生とほぼ同様の傾向を観察することができた。

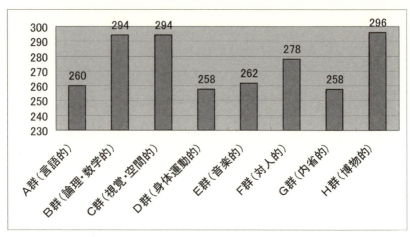

図1―1　8つの多重知能を生かした英語活動
肯定的回答「とても」「まあまあ」の合計値の比較＜5年＞　　N総計＝340

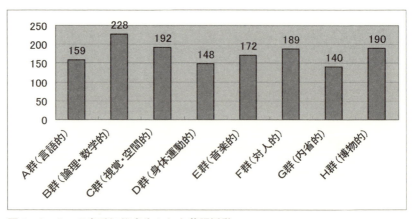

図1―2　8つの多重知能を生かした英語活動
肯定的回答「とても」「まあまあ」の合計値の比較＜6年＞　　N総計＝272

図2は、肯定的回答率（全回答数中の肯定的回答数の割合）の指標における、5・6年生間での比較分析をしたものである。この分析によれば、2つの重要な点が指摘できる。第1は、両学年児童の好みは、論理・数学的知能を生かす英語活動（数の操作をしたり値段の計算をしたりなど）ではほぼ同じという点である。第2は、2つの知能において両学年間に大きな差異が認められる点である。その1つは身体運動的知能を生かした英語活動（踊り・ジェスチャー・劇など）で21.5％の差があった。もう1つは内省的知能を生かした英語活動（日記を書く、個人で繰り返し発音練習する、自分で本やビデオを利用して英語学習するなどの個別学習）で24.4％の差があった。以上の結果から、多重知能理論の小学校英語教育への応用を学習者の立場から考えるならば、論理・数学的知能は小学校高学年の児童に対し一様に適用することが望まれるものの、身体運動的知能（特に踊り）や内省的知能（特に個人の繰り返しの発音練習）は5年の学習者に適用する方がより好ましいことが分かった。

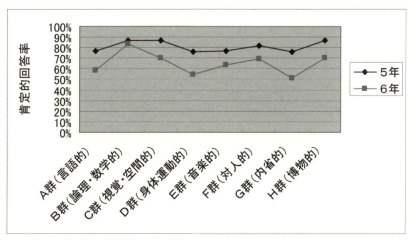

**図2　8つの多重知能を生かした英語活動
5・6年生の肯定的回答率の比較＜A～H群＞**

4技能を含む言語技能の観点より、表9は子どもたちが英語でどの技能を獲得したいと思っているかを示している。まず、技能別には、5・6年生ともに「話す」が「とても」できるようになりたいと考える学習者が最も多かった。しかしながら、両学年学習者の大多数は「聞く」「話す」だけではなく、「読む」「書く」の技能も同様に高めたいと望んでいる点は注目すべきである。ひろしま型においては、今のところ「読む」「書く」はほとんど取り入れられていないので、学習者の希望を考慮に入れるならばこの点は課題といえよう。次に、学年別には、「聞く」を身に付けたいという意欲では5・6年生ともにほぼ同じであった。一方で、「聞く」を除いた全ての技能（「発音」「単語」「文章」も含む）においては、4点法の平均値によると、5年生が6年生より期待度で0.1以上高かった。全般的に、技能に対する5年生児童の学習意欲の方が6年生児童をやや上回っているといえる。

表9　あなたは英語の授業でどんなことをできるようになりたいですか

N = 85（5年），68（6年）（回答者中の%）

	とてもそう思う		まあまあそう思う		あまりそう思わない		全くそう思わない	
	5年	6年	5年	6年	5年	6年	5年	6年
(1)聞く	52 (61.2)	41 (60.3)	27 (31.8)	22 (32.4)	5 (5.9)	5 (7.4)	1 (1.2)	0 (0)
(2)話す	70 (82.4)	53 (77.9)	14 (16.5)	12 (17.6)	1 (1.2)	1 (1.5)	0 (0)	2 (2.9)
(3)読む	53 (62.4)	41 (60.3)	26 (30.6)	18 (26.5)	4 (4.7)	7 (10.3)	2 (2.4)	2 (2.9)
(4)書く	65 (76.5)	44 (64.7)	13 (15.3)	17 (25.0)	7 (8.2)	4 (5.9)	0 (0)	3 (4.4)
(5)発音	63 (74.1)	40 (58.8)	18 (21.2)	19 (27.9)	3 (3.5)	6 (8.8)	1 (1.2)	3 (4.4)
(6)単語	60 (70.6)	38 (55.9)	22 (25.9)	19 (27.9)	3 (3.5)	9 (13.2)	0 (0)	2 (2.9)
(7)文章	39 (45.9)	30 (44.1)	29 (34.1)	22 (32.4)	12 (14.1)	9 (13.2)	5 (5.9)	7 (10.3)

上記の多重知能理論に密接に関わる 32 の活動に加え、学習者は以下のような英語学習活動を期待している。ここでは主に、本書のテーマである教科横断的（CLIL 的）指導や 4 技能の統合的指導とも関連する自由記述を子どもたちの実際の声としていくつか紹介しておく。

自由記述〜やってみたい英語活動〜
- 動物だけではなく、魚なども英語で言いたいです。
- パソコンで単語を打ったりする。
- 日本のアニメは外国版では、どうちがうのか見たい。
- 英語で計算をやってみたい。
- 料理をしながら英語を学ぶ。
- 英語のしりとりがやってみたいです。
- 英語で体育の授業がしたい。
- みんなで学校の周りを歩いて、英語で木や葉や実を言ってみたい。
- 絵で表したものを英語で書く。
- 発音だけでなく、英語を書く活動がしたい。
- 日記を英語で読み合う。
- 英語で書いた文章などを他の人とたがいに読み合う。
- 色々な授業を英語でする。
- インターネットで英語を調べる。

　これら全ての学習者による自由記述は、学習者の教科や技能に対する興味・関心がいかに多様なものであるかを明らかにするものであろう。

3.3.5　小まとめ
　本項の小まとめとして、多重知能理論の小学校英語教育への適用をめぐって、以下の 3 点を指摘しておきたい。
① 　8 つの多重知能を生かす英語活動への希望調査結果、小学校 5・6 年

生の多くは、従来から効果的と思われた、歌ったりゲームをしたりの活動にはとどまらず、広範な種類の英語学習を希望していることが示された。例えば、学習者は、数の操作（論理・数学的知能）、映画やアニメの視聴（視覚・空間的知能）、スポーツを通しての英語学習（身体運動的知能）、お互いの教え合い（対人的知能）、野外体験学習（博物的知能）などの活動も強く望んでいることがわかった。とりわけ、論理・数学的知能が要求される数の計算や記憶、コンピューターを利用した英語学習が全般的に好ましいと思われたことは、小学校高学年の知的発達段階とも密接に関わっており注目に値するといえる。

② 子どもの知能の強弱の視点から、個々人の得意とする知能は、ある子どもはグループや友だちとの関わりで行う活動（対人的知能）を好み、別の子どもは個人で行う学習活動（内省的知能）を好むなど多岐に渡っていることが分かった。それは、音楽的知能や身体運動的知能についても同様のことがいえる。この結果は、歌や運動・動作や人との交わりが苦手な子供にも他の活躍の場を与えるため、1～2の知能に片寄ることなく8つの分野の活動をバランスよく導入するのが重要であることを示唆している。もちろん、現時点では弱いと思われる知能に対して、教え合いなどにより強める工夫を同時に取り入れる必要性もあるのだが。技能別には、全ての子どもが「聞く」「話す」の学習スタイルを好む訳ではないことが示された。今までのところ、ひろしま型において「読む」「書く」はほとんど扱われていないが、子どもの英語学習への動機づけを考慮に入れるならば、英語指導に「読む」「書く」を多少なりとも取り入れていくことを提案したい。

③ 5・6年生での差異は、「簡単なジェスチャーや踊り」（身体運動的知能）と「自分で行う繰り返しの発音練習」（内省的知能）などで、6年生の否定的回答が何れも5割近くあり顕著に見られた。また、「英語の歌を歌う」（音楽的知能）では、6年生が5年生の倍近くの約3割が否定的回答をした。さらに、「絵や写真のカードを見ながら単語を覚える」

(視覚・空間的知能)では、5年生の否定的意見がわずか9.4%だったのに対し、6年生の否定的意見は32.3%もあった。全般的には、5年生ではどの活動に対しても肯定的意見が大半を占めたのに対し、6年生での否定的意見の多さは、歌などの活動に対し好き嫌いがはっきりしてくるのに加え、6年生では絵や身体を利用する視覚や身体的活動から、より論理的な活動が求められてくるためであろう。以上のことから言えるのは、Piaget (1972) も指摘するように、子どもの知的発達段階に合った活動をもっと小学校高学年には取り入れる必要があるということである。なぜなら、6年生ともなると、視覚や身体による具体的操作だけではなく、抽象的な操作もできる発達段階に達していると考えられるからであり、学習者の知的好奇心を刺激し脳を活性化できるような活動が特に6年生の英語学習活動には導入されることが望ましい。

　本項での調査結果、知能を全体的に見てみると、今までの日本の小学校英語教育ではまだまだ不十分と思われる、論理・数学的知能、視覚・空間的知能、対人的知能、博物的知能を活用してコミュニケーション能力育成を図る、多重知能理論に基づく英語活動がもっと導入されるべきであろう。それは、子どもの個性や得意分野および知能の多様性に配慮するばかりでなく、8つの知能の中で眠っている潜在的知能を目覚めさせたり弱い知能を強めたりし、彼らの英語学習に対する動機づけや理解力を高める目的でも必要なのである。

3.4　多重知能や教科横断的指導を取り入れた英語学習の成果（1）
　　　―広島市立早稲田小学校の事例より―

3.4.1　質問紙による研究
3.4.1.1　研究課題
　2章の理論的背景を参考にして、特にPiagetの思考発達段階説や

Gardner の多重知能理論の視点を盛り込みながら、本研究では 3 つの研究課題を設定した。
① 公立小学校の 5・6 年生は、教科横断的（CLIL 的）内容をはじめとする知的好奇心を刺激する英語学習活動に対し、どのくらい興味・関心を抱いて取り組んだか。
② 学習者は、歌・ゲームの活動と思考力・他教科の内容に関わる活動の両方を通して、「聞く」「話す」中心のコミュニケーション能力をどの程度身につけ、それへの意欲が高まったと自己評価しているか。
③ 上記 2 つの項目につき、5 年生と 6 年生の発達段階の違いにより、どのような差異が見られるか。

3.4.1.2 対象校および対象者について

2008 年 5 月～2009 年 3 月の間に、筆者自身が担任教諭とのティーム・ティーチング方式で指導に加わった英語科の授業について、広島市立早稲田小学校の児童 154 名（5 年生 3 クラス計 86 名、6 年生 2 クラス計 68 名）を対象に、無記名式のアンケート調査を実施した。今回の調査は、前項の希望調査から約 9 カ月が経過した 2009 年 3 月に行われ、1 年間の英語学習の成果を児童に問うことを目的とした。前述の通り、早稲田小学校では英語科の授業が今回初めて導入されたこともあり、対象者の英語力は測定できなかったが、活動内容は 5・6 年生ともに全く同じであった。

3.4.1.3 分析方法

アンケート調査への回答方法は、選択式と自由記述式を併用し、前者は「とても」「まあまあ」「あまり」「全く」の 4 点法で百分率とノンパラメトリック検定（ピアソンのカイ二乗検定）により分析する。また実施された英語活動は、多重知能理論と教科横断型の視点から、＜A 群＞歌・踊り・ゲームの活動（音楽的、身体運動的知能）、＜B 群＞考えさせる活動（言語的、論理・数学的、対人的知能など）、＜C 群＞教科横断的な活動（視覚・空間的、

論理・数学的、博物的知能など）の3群に分類する。A群が遊び中心の「楽しい」活動であるのに対し、B群とC群は概ね、知的好奇心を刺激するCLILとも関係の深い活動である。

3.4.1.4　研究の結果と考察

(1) 興味・関心

　まず、表10の百分率表示より、A群の音楽的知能や身体運動的知能を活用する歌・踊り・ゲームの活動では、5・6年生の間に顕著な差異が見られる。肯定的回答である「とても」と「まあまあ」の合計値で分析すると、活動5のゲームでは両学年ともに95％以上であったものの、活動1の歌では5年が100％近い数値なのに対し、6年は6割弱にとどまり歌への好き嫌いがはっきりと現れる結果となった。同様に、活動2～4の踊り・リズム・TPRにおいても、5年では肯定的回答が95％前後もの高い割合だったのに対し、6年では逆に「あまり」「まったく」の否定的回答が3分の1から半分程度もあった。これらの結果から、知的発達段階では1年しか違わないが、6年生の場合は、思考をあまり要しない単純な遊びの英語活動のみでは飽きやすく、一般には楽しいと思われて頻繁に採用されるA群の活動に、必ずしも満足していないことが読み取れる。

　B群の身体運動的、言語的、論理・数学的、対人的知能を利用する考えさせる活動においては、5年の回答者の6～9割が「とても」を選択しており、ここでも6年より5年の方が楽しいと感じる学習者が多いようである。だだし、「とても」と「まあまあ」を合わせた指標で見るならば、5・6年生共に76.5％～98.8％がB群の活動を楽しいと思っており、否定的回答についてもA群に比べて非常に少なく、6年生の活動6のジェスチャー（23.6％）と活動8の文の組立て（13.2％）を除き1割にも満たない。故に、全体的には、学年による程度の差はあれ、小学校高学年の学習者は思考を伴う英語活動を好む傾向にあるといえる。肯定的回答について活動別に考察すると、両学年共に活動7の単語の連想と活動10のクイズ作成におい

て、とりわけ高い興味・関心が得られた。これは子ども自らあるいは班で協力して、じっくりと考え創造していくような活動が、彼らの知的好奇心を強く刺激したためであろう。自由記述における児童の実際の声を紹介すると、「連想する単語を考えるのが、たくさんの英語が頭に浮かんで楽しかったです」や「英語クイズの時、難しい問題を友達と作って楽しかった」という感想が寄せられた。

　C群の対人的、視覚・空間的、論理・数学的、博物的知能を主に使用する教科横断的な活動は、B群の考えさせる活動と類似した傾向が見られた。「とても」「まあまあ」の合計値では、両学年とも全ての項目において、4分の3以上の回答者が楽しいと感じており、全般的に小学校高学年の児童は、知的好奇心を刺激する教科横断的な英語活動を好む傾向にあった。ただし、学年別に分析すると、ここでもやはり5年生では何れの項目でも「とても」の割合が一番多かったのに対し、6年生では教科横断的な活動内容によって大きなばらつきが指摘できる。例えば、活動12の算数の内容と活動14の図画の内容については、肯定的回答が多い（算数では4割以上が「とても」）一方で、否定的回答も2割以上見られた。この理由としては、B群の場合とは異なって、C群では学習者の科目内容自体への興味・関心の違いも大きく影響していることが考えられる。すなわち、算数で計算したり図画で絵を描いたりの活動では、学年が上がるにつれて好き嫌いが顕著になってくるということであろう。ここから導き出される、CLIL的な教科横断型を英語活動に導入する際に留意すべき重要な点は、科目内容による偏りがあってはならないということである。個々の学習者の得意・不得意を考慮しながら、今回は社会の内容、次回は理科の内容といった具合にローテーションを組んで、8つの知能を活性化できるようにバランスよく多様な教科内容を英語活動に取り込んでいく必要がある。さらに、児童の自由記述では、「社会が好きなので、国旗や世界地図が面白かった」、「絵がとてもおもしろかった」、「数字は数の多い友達に合うように考えないといけない所が楽しかった」などがあった。

最後に、各群間および学年間での相違を考察するために、有意水準5%のノンパラメトリック検定（ピアソンのカイ二乗検定）を行ってみよう。検定の結果として、まず、A～C群間の分析では、5年生は$p = .68 > .05$で3群間に有意差がなかったが、6年生は$p = 4.7 \times 10^{-12} < .05$で3群間に有意差が認められた。次に、各群の学年間でのノンパラメトリック検定による分析を行うと、$p = 5.5 \times 10^{-35} < .05$（A群）、$p = 1.6 \times 10^{-11} < .05$（B群）、$p = 4.6 \times 10^{-19} < .05$（C群）と全群で学年間に有意差があった。

なお、表10において6年の方が、全般的に数値が低いのは、年齢が低いほど好奇心が強く、科目の好き嫌いも少なく、学習の吸収率も大きいといったことも影響していると思われる。

表10　英語活動に対する興味・関心および主な使用知能（関連教科）

人数（回答者中の％）

群	実践した英語活動	主な使用知能（C群は教科）	とても楽しかった		まあまあ楽しかった		あまり楽しくなかった		全く楽しくなかった	
			5年	6年	5年	6年	5年	6年	5年	6年
<A群>歌ったり踊ったりゲームをしたりの活動	1. 英語の歌を歌う	音楽的	70 (81.4)	19 (27.9)	14 (16.3)	20 (29.4)	1 (1.2)	23 (33.8)	1 (1.2)	6 (8.8)
	2. おどりながら体の名前を覚える	身体運動的	59 (68.6)	11 (16.2)	23 (26.7)	23 (33.8)	3 (3.5)	23 (33.8)	1 (1.2)	11 (16.2)
	3. 手びょうしでリズムよく文をいう	音楽的	49 (57.0)	12 (17.6)	33 (38.4)	30 (44.1)	3 (3.5)	21 (30.9)	1 (1.2)	5 (7.4)
	4. 英語で指示されたとおりに体を動かす	身体運動的	53 (61.6)	13 (19.1)	28 (32.6)	31 (45.6)	3 (3.5)	20 (29.4)	2 (2.3)	4 (5.9)
	5. ゲームをする	身体運動的など	84 (97.7)	59 (86.8)	1 (1.2)	6 (8.8)	1 (1.2)	2 (2.9)	0 (0)	1 (1.5)

	活動	分類							
<B群>考えさせる活動	6. ジェスチャーを考える（例 天気）	身体運動的	54 (62.8)	18 (26.5)	24 (27.9)	34 (50.0)	8 (9.3)	11 (16.2)	0 (0)	5 (7.4)
	7. 連想する単語を考える（例 白→雪）	言語的	66 (76.7)	46 (67.6)	16 (18.6)	17 (25.0)	4 (4.7)	5 (7.4)	0 (0)	0 (0)
	8. 単語を組みあわせて文を考える[1]	言語的	56 (65.1)	23 (33.8)	26 (30.2)	36 (52.9)	3 (3.5)	7 (10.3)	1 (1.2)	2 (2.9)
	9. 先生たちの会話を聞き意味を予想する	論理・数学的	52 (60.5)	24 (35.3)	31 (36.0)	39 (57.4)	2 (2.3)	3 (4.4)	1 (1.2)	2 (2.9)
	10. 班で協力して英語のクイズを作る	対人的	77 (89.5)	45 (66.2)	8 (9.3)	18 (26.5)	1 (1.2)	3 (4.4)	0 (0)	2 (2.9)
<C群>教科横断的な活動	11. 世界地図や国旗を見ながら英語を学ぶ	対人的／視覚・空間的（社会）	66 (76.7)	28 (41.2)	16 (18.6)	31 (45.6)	4 (4.7)	8 (11.8)	0 (0)	1 (1.5)
	12. 友だちに数をたずねて、数字を合計する	論理・数学的（算数）	62 (72.1)	28 (41.2)	24 (27.9)	24 (35.3)	0 (0)	15 (22.1)	0 (0)	1 (1.5)
	13. 動物や植物を英語で学ぶ	博物的（理科）	58 (67.4)	29 (42.6)	27 (31.4)	34 (50.0)	1 (1.2)	4 (5.9)	0 (0)	1 (1.5)
	14. 好きなことやしたいことを絵にかく[2]	視覚・空間的（図画・社会）	55 (64.0)	12 (17.6)	23 (26.7)	39 (57.4)	6 (7.0)	14 (20.6)	2 (2.3)	3 (4.4)
	15. カードでイメージマップを作る	視覚・空間的（社会他）	62 (72.1)	32 (47.1)	20 (23.3)	29 (42.6)	3 (3.5)	6 (8.8)	1 (1.2)	1 (1.5)

注1.) まず、色や形とものの名前を連想しながら組み合わせて作り、さらにそれをⅠlike～やⅠhave～とつないで文を考えるような活動

注2.) 「私の夢」というテーマで、やってみたいことや行ってみたい国をイメージする絵を描き、Ⅰwant～などの表現を用いて伝え合う活動

(2) コミュニケーション能力の育成

　表11の百分率表示によれば、学習者の大多数は上記のA〜C群の英語活動全体を通して、ひろしま型の目指す「聞く」「話す」の技能を「とても」または「まあまあ」身につけることができたと考えている。否定的回答については、5・6年生共に「聞く」が0％で、「話す」は6年生の「あまり」が8.8％とやや目立つ程度である。また、ひろしま型は目標とする会話文の数は比較的少なく文の指導は十分ではないが、500語の様々な教科横断的分野の単語指導を重視しており、「文章」より「単語」の方が「とても」習得できたという学習者が両学年共に2倍以上となった（表11）。児童の感想でも、「世界地図でいろんな国の名前を覚えたことが楽しかった」や「動物や植物の単語をたくさん知ることができ良かった」といった、社会や理科の内容学習と連携した単語学習の成果に関する自由記述が多く見られる。以上の児童の反応は、教科横断的な活動の導入などによって、語彙獲得とその発音を基礎とした「聞く」「話す」中心のコミュニケーション能力育成が効果的に図られていることを示すものである。

　また、各項目における学年間の相違を考察するために、有意水準5％でのピアソンのカイ二乗検定を用いると、「聞く」$p = .32 > .05$ と「話す」$p = .17 > .05$ は5・6年生の間に有意差が見られなかったものの、「発音」$p = .03 < .05$、「単語」$p = .03 < .05$、「文章」$p = .02 < .05$ は有意差が認められた。

　次に、「英語活動をして、もっと英語でコミュニケーション（聞く・話す）をしたくなりましたか」の質問項目では、5年生の56％（48人）と6年生の34％（23人）が「とても」と回答し、「まあまあ」も含めれば5年生の99％（85人）と6年生の85％（58人）が肯定的回答であった。この自己評価結果からは、歌・踊り・ゲームだけでなく、知的好奇心を刺激する思考活動や他教科の内容を含む教科横断型に基づく多重知能理論の英語指導法が、児童のコミュニケーションに対する意欲を大いに高めていることが分かる。

表 11 英語活動を通して身についたこと

人数（回答者中の％）

	とてもできるようになった		まあまあできるようになった		あまりできるようになっていない		全くできるようになっていない	
	5年	6年	5年	6年	5年	6年	5年	6年
1. 聞くこと	51 (59.3)	30 (44.1)	35 (40.7)	38 (55.9)	0 (0)	0 (0)	0 (0)	0 (0)
2. 話すこと	42 (48.8)	26 (38.2)	41 (47.7)	36 (52.9)	2 (2.3)	6 (8.8)	1 (1.2)	0 (0)
3. 発音すること	49 (57.0)	25 (36.8)	36 (41.9)	38 (55.9)	1 (1.2)	4 (5.9)	0 (0)	1 (1.5)
4. 単語	62 (72.1)	34 (50.0)	20 (23.3)	31 (45.6)	4 (4.7)	3 (4.4)	0 (0)	0 (0)
5. 文章[1)]	26 (30.2)	12 (17.6)	50 (58.1)	36 (52.9)	10 (11.6)	17 (25.0)	0 (0)	3 (4.4)

注 1.）ひろしま型では、例えば、黒板に I ・ want （絵カード）・ to ・ eat （絵カード）・ 食べ物 （絵カード）と語順が分かるように掲示し、文字だけでなく視覚的イメージも活用して文章を身につける。

3.4.2　授業実践例と考察

　広島市立早稲田小学校の調査に基づく授業実践例（教材は5・6年共通のものを使用）として、表10-C群の図画や社会の内容を導入した英語活動14「私の夢」（表12）を取り上げ、以下の3つの視点から検討してみよう。

　第1に、教科横断的指導（CLIL）の視点では、まず自分の行きたい国をイメージする絵（例えばアメリカなら自由の女神、エジプトならピラミッドなど）を描いている点では図画の内容が取り入れられている。加えて、国旗の種類、世界地図上の国の位置およびその国を象徴するものに関する社会の内容学習にもなっている点が重要である。

　第2に、多重知能の視点からすると、国名チャンツを行っている意味で音楽的知能、want と see、eat、play、study、make など様々なことばの組み合わせができることに気付かせている意味で言語的知能、国旗、世界

地図、絵、写真など豊富な視覚教材を理解の補助として子どもが活動している意味で視覚・空間的知能、手拍子をしたり矢印を書き入れたりしながら発話する意味で身体運動的知能、班で協力しながら世界一周のコースを考え会話練習している意味では対人的知能が、それぞれこの英語学習活動において生かされている。つまり、子どもの持つ8つの潜在的な知能のうち、少なくとも5つが活性化されているといえる。とりわけ、一連の活動が対人的知能を中心とする協同学習の下で行われている点は重要であろう。例えば、絵を描くのが苦手な子は視覚・空間的知能の強い絵の得意な子から刺激を受け、逆に、文章を考えるのが苦手な子は言語的知能の強い文章の得意な子に教えてもらうことができる。また、社会の不得意な子は得意な子から国を象徴する産物や国の位置を聞き合う中で知ることもできる。このような助けあいにより、お互いの強い知能と弱い知能、教科の得意・不得意を補いながら英語学習の効率を高めていけるのである。

第3に、コミュニケーション能力育成の視点では、会話文がわずか2～3文に固定され、wantを用いたパターン練習が中心であることについては、45分授業の英語活動量からしてやや物足りなさがある。しかしながら、絵を描いたり地図の中で世界巡りするという実生活で抱く夢と密接に関連するコミュニケーション場面の設定により、ある国から連想するものを考えさせたり班でユニークな世界一周のコースを決めて発表させたりしなが

表12　早稲田小学校の授業例
　　　　「私の夢〜してみたいことや行ってみたい国〜」

＜指導案＞ ひろしま型カリキュラム「第5学年用指導案L9"私の夢"③〜〜がしたいな〜」を基本に、多少活動をプラスして指導する。
＜授業目標＞ 1. 自分のしたいことや行きたい国の話題で、教師や友達と英語でコミュニケーションをとる。 2. 自分のしてみたいことや行ってみたい国を伝えあう。

＜授業展開＞
1. あいさつ／教師の質問に答える（2分）
2. ウォーミングアップ（3分）
   国旗を見て、国の名前を答える（L3②の復習）。
   What country is this? → It's ～.
   手拍子をしながらリズムに合わせて国名を発音する。

3. 学習課題の提示と慣れ親しむ活動（10分）
   ～行きたい国とその理由を伝えあう場面～ →写真や絵を利用
   A：I like baseball. I want to go to America. How about you?
   B：I want to eat curry. I want to go to India.
   I like ～, I want ～の言い方を児童全員、半分、一列などパターンを変化させながら繰り返し練習。

4. コミュニケーション活動（25分）
   「世界一周をしよう！」←ワークシート（資料1）使用
   ①自分の好きなことか、してみたいことを簡単に絵に描く。
     そのことに関連させて行きたい国を1つ選び、各自で白地図に○をつける。
   ② see, eat, play, study, make などの単語を用いて行きたい理由を考える。
   ③行きたい国とその理由を自分で言ってみる。
     ＊国の名前がわからなかったり、どのように言えばよいかわからなかったりするときはＴ2に聞く。
     ＊英語で言えない難しい言葉のときは日本語で言ってもよい。
     ＊子どもに分かりやすいように、want といろいろな単語の組み合わせができることを掲示で示す。
   （例） I want to study ～. I want to make ～.
   ④班の人の行きたい国とその理由を聞いて、白地図に○をつける。
     What country? Why?
   ⑤地球一周のコースを班で決め、矢印を書き込む（班で世界一周できるように、発表する順番を決める）。
   ⑥班でお互いに聞き合って練習した後、班ごとに発表する。

5. ふり返り（3分）→ want の言い方を確認
6. あいさつ（2分）

ら英語使用を自然な形で促している点では、子どもの思考活動や知的好奇心を刺激する「聞く」「話す」の英語学習活動になっていると評価できる。ここでも子どもの思考活動の促進は、CLILの4つの軸の1つと合致している。

3.4.3 小まとめ

　早稲田小学校における質問紙による研究結果からは、第1に、児童は従来の「歌・踊り・ゲームの活動」だけでなく、「考えさせる活動」や「教科横断的な活動」にも大きな興味・関心を抱いていることが分った。前者が単に遊びレベルの楽しさであるのに対し、後者のCLIL的活動は知的好奇心を刺激し思考力を発達させる意味でも重要である。

　第2に、両学年共に9割以上の学習者が早稲田小学校の英語指導で「聞く」および「話す」のコミュニケーション能力を習得できたと自己評価しており、その基礎となる単語に関しては横断的学習による成果が著しく見られた。

　第3に、5・6年生の間ではPiaget（1972）のいう知的発達段階の違いもあり、歌や踊りに対する興味・関心で大きな差異が見られ、教科横断的活動の視点では、一般に高学年になるほど顕在化する教科への得意・不得意が少なからず英語学習への動機づけに影響を与えているであろうことが分った。

　加えて、社会（国旗・世界地図等を用いる）と図画（国をイメージする絵を描く）を取り入れた教科横断的（CLIL的）な英語授業例の検討からは、社会や図画が好きで上述の知能に優れている子どもにとっては、興味・関心の視点からしてもこの個性重視の指導法は効果的と示唆できよう。しかしながら、Gardner（1983；2006）もいうように、子どもの教科や知能の得意分野および理解力は多様であるから、1〜2種類の活動に偏ることなく、もっと数多くの教科内容を生かした英語活動をバランスよく導入することが必要である。また、強い知能をさらに伸ばす工夫だけでなく、たと

え不得意な分野であったとしても、協同学習を積極的に取り入れることにより相互に助け合いの学習をする中で、学習者の弱い知能あるいは不得意な教科を強めていく工夫をすることも重要であろう。

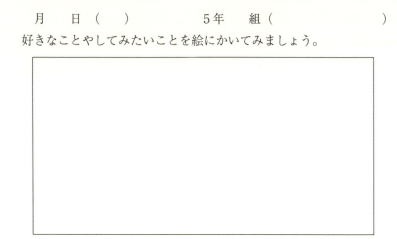

月　日（　　）　　　　5年　組（　　　　　　）
好きなことやしてみたいことを絵にかいてみましょう。

資料1．ワークシート「私の夢〜〜がしたいな〜」
（第5学年用指導案L9③より引用）

3.5 多重知能や教科横断的指導を取り入れた英語学習の成果（2）
—広島市立祇園小学校の事例より—

3.5.1 現場での調査研究
3.5.1.1 対象校および対象者について
　調査対象校は、広島市の郊外に位置する中規模校、広島市立祇園小学校である。祇園小学校は、広島市の公立小学校の中でも、学力においてごく平均的なレベルの学校である。2009年度にこの学校の英語科授業へ、筆者自身が英語指導アシスタントとして、担任教員とのティーム・ティーチング方式で1年を通じて指導に加わった。ただし、祇園小学校では英語科授業が2009年度に初めて導入されたこともあり、その指導内容は5・6年生ともに全く同じであった。

　調査対象者は、祇園小学校の児童249名（5年生3クラス計116名、6年生4クラス計133名）であるが、調査当日に欠席した者や無効回答した者は調査対象から除く。

3.5.1.2 調査方法と目的
　調査方法としては、ひろしま型の指導案に基づく教科横断型の英語指導（社会や算数に関わるCLIL的なもの）を実践した後に、その2つの授業について、子どもの反応を見るために無記名式のアンケート調査を実施した。アンケートへの回答方法は、選択式と自由記述式を併用し、前者は「とても」「まあまあ」（以上、肯定的意見）と「あまり」「全く」（以上、否定的意見）の4段階に分けて分析する。また、後者については、教科横断的授業に関する児童の声をできる限り紹介していく。

　本研究の調査目的は、授業実践とアンケート調査の結果の分析により、教科横断的活動が興味・関心の面、理解の面、コミュニケーション能力育成の面（ここでは「聞く」「話す」）、個性の面などでいかに効果的かを明らかにすることである。このような視点から、以下の授業例が英語と他教科

の両方でどのような成果があったかを検討していきたい。加えて、5・6年生ともに同一の教材による指導を行っているため、両学年の子どもの発達段階の違いによる差異があるかどうかも考察してみる。

3.5.2 英語で教える社会
3.5.2.1 授業実践例
　2009年10月に、筆者が祇園小学校の5・6年生の全クラスにて実際に行った社会の教科内容を生かす授業例について検討する。

表13　祇園小学校の授業例「世界の時間を調べよう！」

＜指導案＞ ひろしま型カリキュラム「第5学年用指導案L3②～時刻～」を基本に、多少活動をプラスして指導する。
＜授業目標＞ 1.　時刻の言い方に慣れる。 2.　時刻について、友達と楽しくコミュニケーションを図ろうとする態度を身に付けるようにする。
＜授業展開＞ 1.　あいさつ／教師の質問に答える。(5分) 2.　CDを聞いて、一緒に歌う。(5分) 3.　慣れ親しむ活動（10分） ～子どもが朝食を急いで食べながら母親に何度も時間をたずねる場面～ 　What time is it?　→　It's ～. を児童全員、半分、一列などパターンを変化させながら繰り返し練習。 4.　コミュニケーション活動（18分）←ワークシート（資料2）使用 　①国旗を見て、国の名前を答える。 　　What country is this?　→　It's ～. 　②世界地図を見て、首都や国の位置を指で示す。 　　Where is London?　→　It's in England.

> ③国旗と日本やオーストラリアの時刻が表示された世界地図を黒板にはり、会話の練習をする。
> What time is it in Japan?　→　It's 10:00（a.m.）.
> What time is it in Australia?　→　It's 11:00（a.m.）.
>
> 5．ふり返り（5分）→　時刻の言い方を確認
> 6．あいさつ（2分）

　表13の授業実践例を以下の3つの観点から検討してみよう。第1に、教科横断的指導（CLIL）の観点では、言語学習として英語での時刻の言い方を練習しながら、国旗の種類、首都や国の位置および時差の存在に関する社会の内容学習にもなっている点が重要である。加えて、社会用の世界地図や算数用の時計の模型で場所や時間をたずねるなど、他教科の教材が有効に活用されている点も注目に値する。

　第2に、多重知能の観点からすると、国を表す場合にinをつける言葉の仕組みに気づかせている点で言語的知能が、時刻や時差などの数字の操作をする点で論理・数学的知能が、国旗や地図など具体物を見ながら活動している点で視覚・空間的知能が、地図を指で示しながら発話する点で身体運動的知能が、子どもが教室内を歩き回り多くの友達と相互作用している点で対人的知能が、それぞれこの英語学習活動において生かされている。つまり、子どもの持つ8つの潜在的な知能のうち、少なくとも5つが活性化されている。

　第3に、コミュニケーション能力育成の観点からでは、会話文がわずか2〜3文に固定され、そのパターン練習が中心であることは、45分授業の英語活動量からしてやや物足りなさがある。しかしながら、実生活の身近な場面で時刻を聞いたり答えたりするにとどまらず（表13の授業展開3）、日本と各国との時差を知る目的で実際に英語使用するという場面設定でも会話を行い（表13の授業展開4／資料2・3ワークシートと活動の概要）、子どもの知りたいという知的好奇心を刺激する「聞く」「話す」の英語学習活動になっている点は評価できる。

ワークシートA

第5学年 Lesson3② ～時こく～　　世界の時こくを調べよう

年　　組　　名前（　　　　　　　　　　　　）

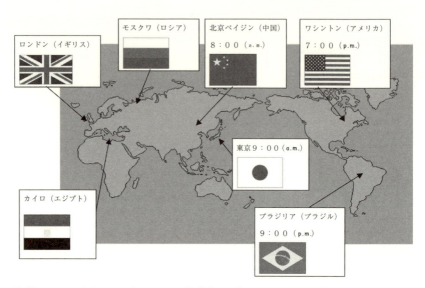

資料2　ワークシート（第5学年用指導案L3②～時刻～より引用)

「世界の時間を調べよう！」
① クラスの半分に白いワークシートA、残りの半分に黄色いワークシートBを配る。
② Aにはアメリカ、ブラジル、中国の時刻が、Bにはロシア、エジプト、イングランド（それぞれの首都）の時刻が書きこんである。
③ 児童は自分とちがう色の紙をもっている友達のところへ行き、自分のワークシートには書いていない国の時刻を1つずつ調べる。
④ 早く終わった児童はもう一度他の児童に聞き直し、確認する。
＊国名をたずねるのが難しい場合は、自分のワークシートの国旗を指してたずねるようにする。

資料3　活動の概要（第5学年用指導案L3②～時刻～より引用)

3.5.2.2 アンケート調査の結果
■質問1 今日の授業は楽しかったですか

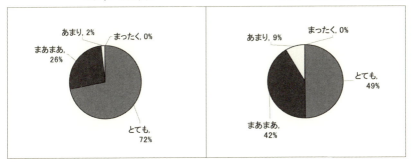

■質問2 国旗（こっき）を使う活動は楽しかったですか　　　　　　　　　　人数（%）

	とても楽しかった	まあまあ楽しかった	あまり楽しくなかった	まったく楽しくなかった	人数計
5年	68 (61.3)	36 (32.4)	6 (5.4)	1 (0.9)	111 (100)
6年	52 (40.9)	64 (50.4)	9 (7.1)	2 (1.6)	127 (100)
全体	120 (50.4)	100 (42.0)	15 (6.3)	3 (1.3)	238 (100)

■質問3　世界地図を使う活動は楽しかったですか　　　　　　　　　　　　人数（%）

	とても楽しかった	まあまあ楽しかった	あまり楽しくなかった	まったく楽しくなかった	人数計
5年	65 (58.6)	40 (36.0)	5 (4.5)	1 (0.9)	111 (100)
6年	45 (35.4)	65 (51.2)	16 (12.6)	1 (0.8)	127 (100)
全体	110 (46.2)	105 (44.1)	21 (8.8)	2 (0.8)	238 (100)

■質問4　時こくが英語でよく聞きとれましたか　　　　　　　　人数（％）

	とてもよく聞けた	まあまあ聞けた	あまり聞けなかった	まったく聞けなかった	人数計
5年	79（71.2）	29（26.1）	3（2.7）	0（0）	111（100）
6年	61（48.0）	56（44.1）	4（3.1）	6（4.7）	127（100）
全体	140（58.8）	85（35.7）	7（2.9）	6（2.5）	238（100）

■質問5　時こくが英語でよく言えましたか　　　　　　　　　人数（％）

	とてもよく言えた	まあまあ言えた	あまり言えなかった	まったく言えなかった	人数計
5年	57（51.4）	48（43.2）	5（4.5）	1（0.9）	111（100）
6年	60（47.2）	49（38.6）	14（11.0）	4（3.1）	127（100）
全体	117（49.2）	97（40.8）	19（8.0）	5（2.1）	238（100）

■質問6　国名（都市名）やその位置がよくわかりましたか　　人数（％）

	よくわかった	まあまあわかった	あまりわからなかった	まったくわからなかった	人数計
5年	38（34.2）	60（54.1）	8（7.2）	5（4.5）	111（100）
6年	36（28.3）	58（45.7）	28（22.0）	5（3.9）	127（100）
全体	74（31.1）	118（49.6）	36（15.1）	10（4.2）	238（100）

■質問7　国によって、時差（時間のちがい）があるのに気づきましたか

人数（％）

	すぐ気づいた	なんとなく気づいた	あまり気づかなかった	まったく気づかなかった	人数計
5年	78（70.3）	29（26.1）	4（3.6）	0（0）	111（100）
6年	93（73.2）	31（24.4）	2（1.6）	1（0.8）	127（100）
全体	171（71.8）	60（25.2）	6（2.5）	1（0.4）	238（100）

5・6年全体で分析してみると、まず、本授業を「とても楽しかった」と感じた児童は約6割で、「まあまあ」と合わせれば95％近くの子どもが「楽しかった」との回答をした（質問1）。教科横断的（CLIL的）な視点では、「国旗」（質問2）や「世界地図」（質問3）を使用した英語学習活動に対する児童の興味・関心は高く、両質問ともに肯定的評価が9割を超えている。ここからは、社会で用いる教材を英語科授業に導入したことで、児童は単なる歌やゲームなどの遊びの楽しさにとどまらず、国旗の種類や首都の名前、国の位置などについても知りたいという知的好奇心を持ちながら、楽しく英語学習活動を行っていると推察できる。

　次に、5・6年全体で、実際の学習効果について児童がどのように自己評価しているか考察しよう。言語学習の面では、時刻が英語で「とてもよく聞けた」と回答した児童は約6割（質問4）、「とてもよく言えた」は約5割（質問5）であったが、否定的回答については両質問ともに1割程度にも満たないぐらいであった。祇園小学校の児童は、本授業を通じて、ひろしま型が目指すところの「聞く」「話す」を中心にしたコミュニケーション能力育成をある程度達成できたといえよう。一方で、社会科の内容学習の面での学習効果も顕著に見られる。児童の約8割が、国名（都市名）やその位置が「よく」あるいは「まあまあ」わかったと回答している（質問6）。また、社会の発見学習でもある「国によって、時差（時間のちがい）があるのに気づきましたか」（質問7）では、97％もの児童が「気づいた」と回答している。これらの高い肯定的評価は、本時の英語科授業が十分に社会の内容学習にもなっていることを示す。以上のことから言えるのは、教科横断的（CLIL的）な指導を行えば、英語コミュニケーション能力（本授業では「聞く」と「話す」）の向上と社会科の知識習得といった一石二鳥の学習効果が期待できるということである。

　学年別にみると、「時差への気づき」（質問7）を除いて、5年生が6年生を肯定的評価で全般的に上回った。教科横断的指導への興味（質問2・3）では、6年生になると社会が苦手な子どもが増えることもあり「楽しくな

かった」と回答する者もやや多い。世界地図の活動に対する否定的評価では、5年生がわずか5.4％であったのに対し、6年生はその倍以上の13.4％であった。「聞く」「話す」の指標（質問4・5）における学年間の比較では、両学年ともに「話す」の否定的評価が「聞く」を上回るが、特に6年生の場合は、時刻が「言えなかった」と回答した者が14.1％とやや高めであった。さらに、「国名（都市名）および位置の学習」（質問6）では、英語学習活動が社会の内容学習になることへの抵抗感を持つものが少なからずいるせいか、6年生の約4分の1が否定的反応をしている。こういった否定的評価は、それほど多くはないものの、2つの課題を浮かび上がらせる。1つは、子どもの中には社会が好きな子もいれば嫌いな子もいるので、社会を英語で教えることが全員にとって効果的ではないということである。そこで教科横断的（CLIL的）指導を小学校英語教育に取り入れる際には、前述したとおり、子どもの得意・不得意教科の多様性を考慮し、1つの教科内容にだけに偏らずバランスよく行うことが重要である。もう1つは、高学年になるほど恥ずかしがって話さなくなる子どもが増える点である。これについては、無理のない英語使用の場面をできるだけ増やしていくことが必要である。しかしながら、「話す」は教科横断的指導の問題点というよりも、中学生以上も含め日本人英語学習者に共通する克服すべき課題といえる。

　本授業の自由記述による感想には、以下のような児童の声があった。

＜肯定的意見＞
- 国旗が書かれた紙を使ったり世界地図を使ったりしたのでとても分かりやすくてよかった。
- 色々な国の国旗を見て、英語で答えていくのがとても楽しかったです。首都もいろいろな国のを知って勉強になりました。
- 今日の授業は英語と社会が入っていて、2つの勉強ができてよかったです。

- 社会は好きでないけど、英語とやると楽しかった。
- 楽しい英語と苦手な社会をやったら社会も楽しくなった。
- 英語と社会がコラボする授業は初めてだったけど全体的に楽しかった。社会と英語だけでなく、国語や理科なども入れたらグッドだと思います。
- 今回は社会の地理も取り入れていて、いつも以上に楽しかったです。ロシアやオーストラリアの首都が分かったのでよかったです。それに国を英語で言うのも楽しかったです。国と国との間にもかなりの時差があってびっくりしました。
- 社会の勉強にもなったし、意味が分かったり言えたりしたのですごく楽しかったです。

＜否定的意見＞
- 社会と英語を同時に勉強したのでごちゃごちゃして分かりにくかった。なかなか覚えられなかった。
- 国旗を見て英語で国名を言うのが難しかった。
- 社会がきらいなので、国の位置がよくわからなかった。

　これらの自由記述からは、社会科の内容学習と言語学習が同時にうまくできたという声が多く聞かれた。とりわけ、興味や理解の面での効果を指摘する子どもが多かったことは、CLILの可能性を期待させるであろう。反面、2つのことを同時にやると理解しにくいという声も少数ながらあり、これは二刀流の課題である。

3.5.3　英語で教える算数
3.5.3.1　授業実践例
　本節では、上記の例と同様に2009年11月に実施した算数の教科内容を生かす授業例について検討してみる。

表14 祇園小学校の授業例「いくつか伝えよう～英語で算数～」

＜指導案＞ ひろしま型カリキュラム「第5学年用指導案L5（1）」
＜授業目標＞ 1. 数の言い方に慣れる。 2. 数字を表すことばの仕組みについて気付く。
＜授業展開＞ 1. あいさつ／教師の質問に答える。(3分) 2. CDを聞いて、一緒に歌う。(5分) "Seven Steps" 3. 学習課題の提示／慣れ親しむ活動（15分） Let's count! → 　キャンディのカードを1～20まで全員で数える。 (列ごと、班ごと、一人ずつなどパターンを変化させながら繰り返し練習。) ＊数の言い方や仕組みについて気付いたことを発表する。 (例) 13からはすべてteenがついている。 ＊13はthreeteenではないこと、15はfiveteenとは言わないことを示す。 4. コミュニケーション活動（15分）←ワークシート（資料4）使用 ★ 　足し算ゲーム ・配られたワークシートに、足して答えが20以下になる好きな数字を2つ書き入れる。 ・出会った人どうしで、足し算の問題を出し合う。 ・使ったワークシートをお互い交換し、別の人とゲームを繰り返す。 ・一度手にしたワークシートには、自分のサインを記す。 　　　　　A : Hello! 　　　　　B : Hello! 　　　　　<u>A : Seven plus twelve is?</u> 　　　　　<u>(※　問題を出したあとに、相手が計算に困っているようだったら、</u> 　　　　　<u>カードを見せる)</u> 　　　　　B: It's nineteen. 　　　　　<u>A: OK. nineteen.（繰り返す）</u>　or　　A: No. It's nineteen. ・それぞれのカードを交換して次の人と問題を出し合う。 ・ゲームが終わったら、カードは持ち主に返す。

| 5. ふり返り（5分）→　数の言い方を確認 |
| 6. あいさつ（2分） |

　「英語で社会」の学習活動と同じように、表14の授業実践例を以下の3つの観点から検討してみる。第1に、教科横断的指導（CLIL）の観点では、英語での数の言い方を練習しながら、足し算の問題を考えたり、英語で実際に繰り返し計算を行ったりするなど、算数で習った内容の復習にもなっていることは時間的な効率性の点でも重要である。

　第2に、多重知能の観点からすると、児童に日本語と英語のことばの仕組みの違いを考えさせている点で、言語的知能の活性化が意図されているといえる。例えば、児童は、11と12は日本語では10と1、10と2を合わせた言い方だが、英語では違うことに気づいて発表する。また、足し算という数の操作を行うだけではなく、「13からはすべてteenがついている」といった数の言い方のルールを子どもに気づかせることを意図している点では、論理・数学的知能が大いに活性化されている。ひろしま型の教科横断的活動は、子どもに考えさせ自ら発見させる活動を多く含むことにより、CLILの軸の1つでもある思考の発達も目指している。

　第3に、コミュニケーション能力育成の観点では、前述のアメリカにおけるChristison（2005）の授業例のように「読む」「書く」の活動は含まれていないので、4技能のバランスという意味ではやや不満も残る。しかしながら、「聞く」「話す」の活動を実生活の中でも要求される"足し算"を通して、オーセンティックに、つまり自然な形の場面設定で、計算への子どもの知的興味も利用しながらコミュニケーション能力育成が図られている点は評価に値する。

　この「英語で算数」の授業でもう1つ注目すべき重要な点がある。教科横断的内容を小学校英語教育に取り入れる場合には、どうしても内容が複雑になってしまいがちである。その際に、ひろしま型は理解しやすくする

ための工夫、CLIL でいう足場作りをしている。例えば、本授業においては、算数の計算を会話のみで行うのが困難な時は数式を見せて指導するなど、初めて英語を学ぶ子どもへの配慮もなされている。

Lesson5　「いくつか伝えよう」(1)　〜　英語で算数　〜
　　　月　　日（　　　　）　　　5年　　組（　　　　　　　　）

２０をつくろう

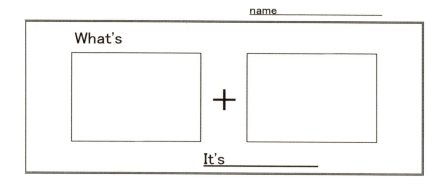

このカードで問題を出した人は、ここにサインをしてね。

資料4　ワークシート（第5学年用指導案 L5 (1) より引用）

3.5.3.2 アンケート調査の結果
■質問1 今日の授業は楽しかったですか

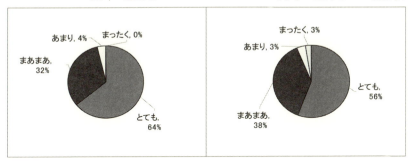

■質問2　数字で歌を歌う活動は楽しかったですか　　　　　　　　　　人数（％）

	とても楽しかった	まあまあ楽しかった	あまり楽しくなかった	まったく楽しくなかった	人数計
5年	73（65.2）	34（30.4）	5（4.5）	0（0）	112（100）
6年	45（38.5）	59（50.4）	11（9.4）	2（1.7）	117（100）
全体	118（51.5）	93（40.6）	16（7.0）	2（0.9）	229（100）

■質問3　英語で計算をする活動は楽しかったですか　　　　　　　　　人数（％）

	とても楽しかった	まあまあ楽しかった	あまり楽しくなかった	まったく楽しくなかった	人数計
5年	70（62.5）	36（32.1）	5（4.5）	1（0.9）	112（100）
6年	50（42.7）	55（47.0）	7（6.0）	5（4.3）	117（100）
全体	120（52.4）	91（39.7）	12（5.2）	6（2.6）	229（100）

■質問4　数が英語でよく聞きとれましたか　　　　　　　　　　　　人数（％）

	とてもよく聞けた	まあまあ聞けた	あまり聞けなかった	まったく聞けなかった	人数計
5年	77（68.8）	31（27.7）	3（2.7）	1（0.9）	112（100）
6年	72（61.5）	37（31.6）	7（6.0）	1（0.9）	117（100）
全体	149（65.1）	68（29.7）	10（4.4）	2（0.9）	229（100）

■質問5　数が英語でよく言えましたか　　　　　　　　　　　　　　人数（％）

	とてもよく言えた	まあまあ言えた	あまり言えなかった	まったく言えなかった	人数計
5年	69（61.6）	40（35.7）	3（2.7）	0（0）	112（100）
6年	50（42.7）	57（48.7）	8（6.8）	2（1.7）	117（100）
全体	119（52.0）	97（42.4）	11（4.8）	2（0.9）	229（100）

■質問6　答えが20（以下）になるように、英語で足し算がよくできましたか

人数（％）

	とてもよくできた	まあまあできた	あまりできなかった	まったくできなかった	人数計
5年	91（81.3）	18（16.1）	3（2.7）	0（0）	112（100）
6年	83（70.9）	31（26.5）	2（1.7）	1（0.9）	117（100）
全体	174（76.0）	49（21.4）	5（2.2）	1（0.4）	229（100）

■質問7　英語では、数の言い方のきまりがあるのに気づきましたか

人数（％）

	すぐ気づいた	なんとなく気づいた	あまり気づかなかった	まったく気づかなかった	人数計
5年	48（42.9）	50（44.6）	11（9.8）	3（2.7）	112（100）
6年	61（52.1）	49（41.9）	5（4.3）	2（1.7）	117（100）
全体	109（47.6）	99（43.2）	16（7.0）	5（2.2）	229（100）

　興味・関心の視点から、5・6年全体での分析を試みると、社会と同様の傾向が観察できた。まず活動全体に対しては、約6割の児童が「とても楽しかった」と回答し、「まあまあ」と合わせれば肯定的回答は95％以上にもなった（質問1）。活動別では、教科横断的には音楽の要素もある「数字で歌を歌う活動」（質問2）と、算数の要素が色濃い「英語で計算する活動」（質問3）の両方において、「とても楽しかった」の回答が半数余り、「まあまあ」が約4割であった。ここでも否定的回答は、両質問ともに1割未満とごく少数で、児童は「英語で算数」の歌や計算の活動を全般的には楽しんで行っていたといえる。計算の活動が、小学校では「楽しい」と思われることが多い歌の活動と同程度の高評価だったことは大変興味深い。
　次に、児童の自己評価による実際の学習効果に関連した質問項目を検討してみる。英語の学習効果については、「聞く」「話す」の質問項目ともに否定的回答は5％余りと少なく、ここでも全般的に「聞く」「話す」を中心としたコミュニケーション能力は達成できているといえよう。ただし「とても」の指標でみると、約3分の2の児童が数を英語で「とてもよく聞けた」と回答したのに対し（質問4）、数が英語で「とてもよく言えた」は約半数にとどまり（質問5）、「聞く」と「話す」の間には顕著な差が見られた。これは「英語で社会」の場合と同様の傾向である。一方で、算数の学習効果については、「答えが20（以下）になるように、英語で足し算

がよくできましたか」(質問6)に対し、約4分の3の児童が「よくできた」と回答し、「まあまあ」と合わせれば97.4％もの児童が肯定的な回答をしている。この数値は、「英語で算数」の学習活動が英語の面だけではなく、算数の内容学習の面でも高い成果を上げていることを明らかに示すものであろう。まさにこれは、内容と言語の統合的学習である。

最後に、学年別の考察をすると、質問1〜5においては5年の肯定的評価が6年を全て上回っていた。これらの項目で6年の方にやや否定的評価が多く見られたのは、高学年になるほど算数嫌いが増加し、「歌う」ことへの恥ずかしさや「話す」ことへの躊躇が生まれやすいなどが要因として考えられるが、ここでも「英語で社会」の場合とほぼ同一の傾向が観察できた。一方で、質問6の計算能力に対する否定的評価では両学年の間に差異が見られなかった。唯一、肯定的評価で6年が5年を上回ったのは、「数の言い方のきまりに対する気づき」(質問7)である。これは、6年生の方が法則性への気づきが得意であり、1年の発達段階の違いでも、論理的思考能力（多重知能理論で言う論理・数学的知能）が急激に発達するためだと思われる。

本授業の自由記述による感想としては、以下のような児童の声があった。

＜肯定的意見＞
- 算数はあまり好きではないけど、英語とMIXしたらとても楽しかった。
- 英語の足し算は大丈夫だったけど、引き算は強敵になると思う。授業の組み合わせはけっこう楽しかった。今度は理科と組み合せてほしい。
- 算数の授業より、英語で算数をやるのは、なんか新しくて楽しかった。でも、もっとレベルUPしてやってみたいと思った。だから、20まででではなくて100ぐらいまでやってみたい。

- 算数も好きだし英語も好きなので両方できて楽しかった。
- 英語の授業で算数もできたので一石二鳥で良かった。
- 英語をしながら算数もできたので、とても勉強になりました。式を自分で考えて、式を使って男子とかに聞くということは、英語も勉強できるし、男子とも仲よくなれるのでよかったです。

＜否定的意見＞
- 計算はきらいだから英語で計算するのはあんまり楽しくなかった。
- 英語で足し算は、計算の答えを英語で言わないといけないので難しかった。でも、言い方を覚えれた。

3.5.4 小まとめ

　ひろしま型カリキュラムを基本に、多重知能理論とCLILの視点から活動を追加して指導しながら、祇園小学校で実践した教科横断型の授業例およびアンケート結果の分析により、以下の3点を本節のまとめとする。第1は、子どもの興味・関心は多様であり、遊びレベルの簡単な英語学習活動だけでは飽きてしまいやすく、満足いくものであるとは言い難い。小学校高学年という発達段階からしても、教科横断的指導により、遊びだけではなく高度な内容学習に対する彼らの知的好奇心を満たすことが必要であろう。

　第2に、教科横断的（CLIL的）指導は、社会や算数の教科内容をはじめとする幅広く自然なコミュニケーションの場を提供することが可能である。逆に言えば、コミュニケーション能力は教科横断的指導により、他教科で学んだ内容との相乗効果によって、実用的レベルへと自然な形で促進されるといえる。つまり、子どもに英語学習を強く意識させることなく、英語をコミュニケーションの手段として用いながら、英語インプット量を自然に増やしていくことにもなるのである。

　第3は、子どもによって科目内容の得意・不得意があることにもっと注

目すべきであるということである。ある子どもには社会、別の子どもには算数の内容を利用して英語学習をした方が、動機づけにもなり、英語の学習効果も大きくなることが期待される。先にも述べたとおり、子どもの得意教科で英語学習させることは、子どもの強い知能をますます伸ばしていくこととなり、ひいては脳の活性化にも繋がるのである。反対に、たとえある子どもにとってそれが不得意な教科内容であっても、授業実践の結果、英語と組み合わせることにより新鮮で楽しく学習できたという児童の声も数多く見られた。ここでは、教科横断的な英語指導が他教科への苦手意識を消し去り、不得意な知能や教科を得意なものへと変化させる役割を果たしていることが指摘できる。すなわち、教科横断的指導には、英語が好きなことで英語を手段として学習する他教科の内容をも好きにさせる効果があり、それは多重知能の中の弱い知能（例えば「英語で算数」であれば論理・数学的知能など）を強いものにすることにも繋がり得るのではなかろうか。以上のように、教科横断的指導は、それぞれの子どもの得意分野や強い知能を生かす指導を可能にする意味と、不得意分野や弱い知能も知らず知らずのうちに得意と感じさせ知能が強められるという両方の意味において、個性を重視した学習者中心の指導を小学校英語教育へと実現してくれるのである。

3.6 多重知能や教科横断的指導を取り入れた英語学習の成果（3）
―広島市立祇園小学校の事例より―

3.6.1 対象校および対象者について

調査対象校は、前節と同じく広島市立祇園小学校で、その詳細はすでに述べている通りである。ただし、前節での調査が同校における英語学習1年目の子どもたち（5・6年生両方）を対象としたのに対し、本節での調査は同校においてすでに英語を1年間学んだ英語学習2年目の子どもたち（6年生のみ）を対象とした。故に、これら対象者は語彙の面ではまだ不十分で限定的ではあるが、「聞く」「話す」を中心とした基本的なコミュニケー

ションを英語でとることはできる。また、1年目の英語科の授業を通じてなるべく簡単な英語で教員が活動の指示を出したり、多様なオーセンティックな場面で英語使用の機会をできるだけ提供していたりしたため、学習者の大半は比較的無理なく英語を聞けたり口に出したりできるのが特徴的である。

　具体的には、調査当日に欠席した者や無効回答した者を除き、祇園小学校6年生の児童3クラス計108名が本調査に参加した。なお、本節の調査でも前節と同様に、筆者自身が各クラスの担任教員とのティーム・ティーチング方式で実際に指導に加わっている。実際の指導に当たっては、予め各担任教員との詳細な打ち合わせを実施し、個々のクラス事情は考慮に入れつつも、本研究の趣旨に従い3クラスとも同じような指導が行えるよう配慮した。

3.6.2　調査目的と方法

　本研究の調査目的は、多重知能を生かす理科の内容を取り入れた教科横断的英語指導が、興味・関心、理解、「聞く」「話す」のコミュニケーション能力育成の面でいかに効果的であるかを検討することである。

　調査方法としては、まず、ひろしま型の指導案の枠内で多重知能や教科横断的指導（CLIL）の視点を独自に盛り込み、理科の「海の生物」をテーマとする英語科の授業を実践した。具体的な学習活動は、水族館での会話の理解、写真やイラストを利用する海の生物の分類や3ヒントクイズ、班ごとでの記憶ゲーム、好きな海の生物を伝え合うコミュニケーション活動などである。次に、その授業について子どもの反応を見るために、無記名式のアンケート調査および自己評価方式の単語小テストを実施した。アンケートは、「とても」「まあまあ」（以上、肯定的意見）と「あまり」「全く」（以上、否定的意見）の4段階に分けて分析し、単語小テストについては、海の生物の10の単語を発音できたかどうかの得点率を計算した。

3.6.3 博物的知能を利用した英語学習活動

　Gardner（1999）によれば、8つの知能のうちの1つである博物的知能とは、自分たちの自然環境に存在する動植物や鉱物の種類を認識したり分類したりする能力のことである。博物学者が、環境の中の多数の種である動植物を見分けて分類する際に優れた能力を発揮することから、この知能はもとからあった7つの知能リストに付け加えられた。博物的知能は、博物学者のような熟達者のみならず、幼い子供のような初心者の中にも潜在的に存在すると考えられる。大半の子どもは生まれながらに自然界を探検する傾向をもっており、5歳児に恐竜の人気があるのも決して偶然ではないのである。Gardner（1999）は、「ある種の幼児はたしかに、著しく早くから自然界に興味を示すだけでなく、多くのちがいを見分け適用する、鋭い能力を示す」（松村訳, 2001, p.70）と主張している。こういった子どもが潜在的に持つ知能を引き出し、あるいは目覚めさせ、さらにその知能を高めていく手助けをすることこそが教育上の使命といえよう。

　また、博物的知能が意味する能力には、自然現象への敏感さや、車やスニーカー、ステレオセット、おはじきといったいろいろな無生物の物質の違いを区別する力も含まれている。博物的知能に関係する脳の部位は左頭頂葉で、この部位は生物と無生物とを区別するのにも重要な役割を果たす。博物的知能の中心概念は自然との共生で、自然や自然の中にあるものを通して学ぶ力でもあるから、自然観察や動物とのふれあいが好きで地球や環境を大切にする気持ちの強い子どもにとっては、この知能を生かす学び方はより効果的であるといえる。

　博物的知能を応用した英語学習例としては、動物園での野外授業で実際に動物を見ながらその色や形や大きさなどを英語で表現し区別したり、教室内ならば動物や植物の写真や画像を利用するコミュニケーション活動をしながらその豊富な種類を認識したりする活動が考えられる。このように博物的知能を利用すれば、教科横断的（CLIL的）に理科の内容学習を通して、子どもたちの知的好奇心を引き出しながら英語を指導することが可

能であると考えられる。

3.6.4　英語で教える理科―教科横断的な授業実践例として―

　2010年5月に、筆者が祇園小学校6年生の全クラスにて実際に指導した、理科の教科内容を主に生かす授業例について検討する。

表15　祇園小学校の授業例「好きな海の生き物は？」

＜指導案＞ ひろしま型カリキュラム「第6学年用指導案L1（4）～私の好きなもの②～」を基本にして、多重知能や教科横断的指導の視点からいくらか活動を追加して指導する。
＜授業目標＞ 1. 自己紹介の中で、自分の好きなものを伝える言い方に慣れる。 2. 好きな海の生き物（魚）をたずねたり答えたりしながら、教師や友達とコミュニケーションを図ろうとする態度を身に付けるようにする。
＜授業展開＞ 1. あいさつ／教師の質問に答える。（2分） 2. CDを聞いてチャンツを行い、生き物の発音に注意しながら一緒に歌う。（3分） 3. 水族館（aquarium）での会話の予測と理解（5分）＜図3を利用＞ A：Oh! Hello, Mike. B：Hello, Hiroshi. How are you? A：I'm fine, thank you. And you? B：I'm fine, too. I like carp. Look! It's beautiful. How about you? 　（黒板に貼られた多数の写真やイラストの中から1つを指さしながら） A：I like shark. Look! It's big. 　（同様に、Look! と言いながら指さしを行う） B：Yes. It's very big! OK, see you! A：See you! ＊会話から出会った場所を想像し、場所とそう考えた理由を答える。

4. 慣れ親しむ活動（20分）
①写真やイラストを見て海の生き物の名前を一緒に発音しながら、1つ1つの生物を仲間ごとに分類してみる。
　＊海の生物すべてが魚というわけではないことに気付く。
　＊複合語になっているものについては、その共通点や仕組みに気付く。
　　（starfish, jellyfish, goldfish など）
②3つのヒントを聞いて、班ごとにそれが何かを相談して当てる。
（例）It has eight legs. It is red. It has a round face.
　　　→ It is an octopus.
　＊「海豚」「海星」「海月」などの漢字クイズも合わせて行う。
③班ごとでの記憶ゲーム
　班（4～5人）の中で順番を決め、1番目の人：（カードをめくって dolphin が出たら）I like dolphins. How about you? 2番目の人：（1番目の人が言ったことを記憶しながらカードをめくり）I like dolphins and shark. How about you? 3番目の人：（同じようにして）I like dolphins, shark and salmons……と続けていく。
　＊海の生物の名前を言いながら、なるべくジェスチャーも行う。

5. コミュニケーション活動（12分）←ワークシート（資料5）使用
"ビンゴで好きな海の生物を伝え合おう" ＜図4を利用＞
①　ビンゴシートに自分で選んだ海の生物（日本語で）を書く。
②　T1とT2でデモンストレーションを行う。
　T1：Hello!　How are you?　　T2：I'm fine, thank you. And you?
　T1：I'm fine, too.　　　　　T2：I like crabs. How about you?
　T1：I like oysters.　　　　　T2：OK, see you.
　T1：See you
③　自由に移動し、あいさつといっしょに好きな海の生物を伝え合う。
④　友だちの好きな生物が自分のシートの中にあれば〇をする。
⑤　同じ生き物になった場合は〇を重ねてつけ、何人の友だちと会話ができたか、後から数えられるようにする。
⑥　いくつビンゴになってもよいので、時間いっぱい続ける。
⑦　最後にビンゴの数や〇の数の合計の数を発表する。

6. ふり返りと自己評価方式の単語小テスト（2分）

7. あいさつ（1分）

前節での「英語で社会」および「英語で算数」の学習活動と同様に、本節での「英語で理科」の授業実践例（表15）も以下の3つの観点から検討してみることとする。第1に、教科横断的指導（CLIL）の観点では、授業全体が海の生き物をテーマとし、14種類もの魚や他の海洋生物を学んでいることから、明らかな英語による理科の内容学習ともなっている。学習者は、海の生き物の仲間分けの活動を通じて海には多様な種類の生き物が存在していることに気付くとともに、3ヒントクイズの活動を通しては、タコ（octopus）やイカ（squid）の足の数がそれぞれ8本と10本であることを知ったり、イルカ（dolphin）やカニ（crab）の泳ぎ方や歩き方の特徴についても学習したりすることができる。また、本時の授業は理科のみならず、国語との教科横断的学習となっている点は特筆すべきである。英語での3ヒントクイズに付随し、①「海豚」ってなんだ？　②海星は？（人手とも書くよ）　③海月は？（魚じゃないけど、英語では……）という3つの漢字クイズが行われた。このように理科や国語の内容を一部英語の授業に取り入れることにより、学習者が効率よく他教科を復習できるよう工夫されており、さらには小学校高学年の児童の発達段階に見合う知的好奇心を刺激する教材内容で、学習者の英語学習に対する興味・関心をよりいっそう高めることが意図されている。

　第2に、多重知能の観点からすると、まず、個々の海の生物を単に発音するだけではなく分類も試みている点では、理科の内容とも密接に関わる博物的知能の活性化が図られていることは疑いない。学習者に対し"Do they have eggs?"といった手がかりとなる質問を投げかけることにより、海には魚類だけでなくイルカ（dolphin）やクジラ（whale）のような哺乳類もいることを気付かせるのである。つまり学習者は、これらの海洋生物が人間と同じように肺で呼吸し、出産し、子どもを育てることを学習するのである。さらに学習者は、"Do they have a hard cover?"などの発問をヒントに、その特徴からカニは甲殻類、カキは貝類に分類できることを知り、海洋生物の種類の多様性に対する認識を深めていく。このように本授

業例では、博物的知能が大いに活用されているのは明らかであるが、この分類の活動および会話の推測や記憶ゲーム、コミュニケーション活動においては数多くの写真やイラストが導入されており、同時に視覚・空間的知能も活性化されている。また、ウォーミングアップで生物のチャンツを用いている点では音楽的知能、単語の発音の際に複合語の共通部分や語の成り立ちに着目させている点では言語的知能、指導者の会話を聞いて理解できた語や表現を手がかりに、これが水族館（aquarium）で偶然出会ったときの会話であることを予測させその理由まで考えさせている点では論理・数学的知能を、それぞれ強めることが意図されている。さらに、3ヒントクイズでは理科の知識に秀でた子がそうでない子を、英語の聞き取りが得意な子が苦手な子を助けながら活動を行っており、また、記憶ゲームでは班の中でお互い協力し合いながら長い英文を作ることを目標に活動している。これらの2つの活動例からは、協同学習を軸とする対人的知能が活性化されている。同時に、後者の記憶クイズにおいては、単語を記憶や理解しやすくする目的で海の生物をジェスチャーで表現することも求められており、その意味では身体運動的知能が利用されている。そして、本授業の最後には、本時で学習した単語について絵カードを見ながら言えるかチャレンジしたり、学習内容全体を各自で振り返りカードに記入したりすることによって、ここでは内省的知能が生かされているといえる。以上のように、「英語で理科」の授業例は博物的知能を中心としながらも、他の7つの多重知能も効果的に組み入れられた、複合的に知能を活性化することでより深い理解を目指す統合的英語学習活動なのである。

　第3に、コミュニケーション能力育成の観点では、ここでも「読む」「書く」の活動は含まれておらず、4技能の統合という意味では十分であるとはいえない。それにも関わらず、「聞く」「話す」の活動がオーセンティックな場面設定の下に、より自然で理解しやすい形で、知的好奇心を刺激しながら、しかも学習者のコミュニケーションに対する意欲を高めるように取り入れられている点は評価に値する。例えば、最初の会話の予測（授業

展開の3）の活動においては、たくさん生物の写真やイラストが黒板に貼られており、その1つを指さしながら会話をすることで学習者の理解力を高め、同時に、照明を落とし静かな水の音を聞かせるなどして学習者が教室内を本物の水族館であるかのごとく感じられるよう工夫された。最後のコミュニケーション活動（授業展開5）においても、同様に写真やイラストをデモンストレーションで用いることにより学習者が会話をイメージしやすくするとともに、子ども同士の会話ではビンゴでポイントをつけることにより互いに競争する要素も取り入れ、学習者が楽しみながら積極的に「聞く」「話す」のコミュニケーション活動を行えるよう工夫された。

図3　水族館での会話で利用した**写真やイラスト**

図4　コミュニケーション活動で利用した**写真やイラスト**

ワークシート
第6学年 Lesson1「英語の世界へようこそ」(4) ～英語で自己紹介～
　月　　日　（　　）　　　年　　組　（　　　　　　　）
「友だちをふやそう　～好きな海の生物は？～」
★友だちの好きな海の生物を聞いて，ビンゴをしよう。

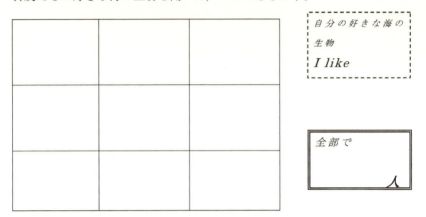

資料5　ワークシート（第6学年用指導案 L1 (4) より引用）

3.6.5　アンケート調査と単語小テストの結果

　表16より「海の生物」の授業のアンケート調査結果、まず、理科の内容を取り入れた英語の授業全体については（質問1）、「とても」と「まあまあ」の合計で95.4%もの児童が「楽しかった」と肯定的な回答をし、理科との教科横断的視点で本授業に興味・関心を持てた学習者が大半を占めていることが分かった。同様の分析方法により、コミュニケーション能力に関わる質問項目においては、好きな海の生物を「聞く」が達成できた児童は97.2%（質問2）、「話す」が達成できた児童は96.3%（質問3）もおり、両項目ともに高い肯定的回答率が得られた。ここからは、水族館での会話、海洋生物の分類、3ヒントクイズ、記憶ゲームやビンゴなど、多重知能を生かした教科横断的指導（CLIL）ならではの様々なオーセンティック

な教材や、楽しんだり知的好奇心を刺激したりする活動を豊富に導入することにより、学習者が英語学習のみを強く意識することなく、理科の内容を学びながらより自然な形で「聞く」「話す」のコミュニケーション能力を習得できていることが分かる。

　一方で、理解力に関わる質問項目においては、肯定的および否定的評価の間に多少のばらつきが見られた。質問4の「クイズの理解」では、「とてもよくわかった」と回答した児童が3割強、「まあまあ」が5割強だったのに対し、「あまりわからなかった」との否定的回答も1割強みられた。ただし、このクイズが個人の学習ならもっと否定的回答が多かったと推測できるが、理科や英語の得意な子が苦手な子を助けるという形の協同学習の要素を導入していることもあり、理解に関する否定的回答の比率は低く抑えられたのではないかと考えられる。最後に、「海の生物」という理科の題材で行ったコミュニケーション活動（質問5）が「楽しかった」と肯定的に回答した児童は96.3％（「とても」だけでも4分の3以上）おり、ここでも教科横断的（CLIL的）なコミュニケーション活動に対する興味・

表16　「海の生物」の授業のアンケート結果　　　　　　　　　　　人数（％）

	とても	まあまあ	あまり	まったく	人数計
質問1	67（62.0）	36（33.3）	5（4.6）	0（0）	108（100）
質問2	73（67.6）	32（29.6）	3（2.8）	0（0）	108（100）
質問3	73（67.6）	31（28.7）	4（3.7）	0（0）	108（100）
質問4	38（35.2）	58（53.7）	12（11.1）	0（0）	108（100）
質問5	84（77.8）	20（18.5）	4（3.7）	0（0）	108（100）

■質問1．理科の海の生物でやった英語の授業は楽しかったですか。
■質問2．友だちの好きな海の生き物を聞きとることができましたか。
■質問3．自分の好きな海の生き物を言うことができましたか。
■質問4．3つのヒントから海の生き物の名前がわかりましたか。
■質問5．海の生き物のコミュニケーション活動は楽しかったですか。

関心の高さが明確に示されている。

次に、表17より、授業の最後に実施された単語小テストの結果を検討してみる。なお、この単語小テストは自己評価方式で、文字ではなく絵カードを見ながら、本時で新しく学習した海の生物（魚類など）の分野に属する14の単語の内、10の単語について、その単語が英語で言えるかどうか（発音ができるかどうか）を試したものである。その結果、「言えた」は多い順に goldfish、starfish、carp、oyster、shark、octopus、dolphin で、何れも9割を超えるぐらいの高正答率があった。逆に、正答率が低い順に並べると、whale（54.6%）、squid（58.3%）、crab（68.5%）の3つが挙げられる。定着率が高かった単語に関しては会話例で用いられるなど授業での使用頻度の多さも一部影響していようが、特に定着率が低かった単語に関しては、使用頻度よりも単語自体の発音のし難さに起因するところが大きいと考えられる。しかし、以上は全て新出単語であることを考慮に入れ、一番発音が難しい whale でも半数以上の児童が1回の授業で言えるよう

表17　単語小テストの結果　　　　　　　　　　　　　　　人数（％）

	言えた	言えなかった	人数計
① carp	105　(97.2)	3　(2.8)	108　(100)
② crab	74　(68.5)	34　(31.5)	108　(100)
③ dolphin	97　(89.8)	11　(10.2)	108　(100)
④ goldfish	107　(99.1)	1　(0.9)	108　(100)
⑤ whale	59　(54.6)	49　(45.4)	108　(100)
⑥ octopus	98　(90.7)	10　(9.3)	108　(100)
⑦ oyster	105　(97.2)	3　(2.8)	108　(100)
⑧ shark	102　(94.4)	6　(5.6)	108　(100)
⑨ starfish	107　(99.1)	1　(0.9)	108　(100)
⑩ squid	63　(58.3)	45　(41.7)	108　(100)

になったことは、多重知能や理科の内容を生かす活動の英語使用の機会の多さに理由があると評価できる。

3.6.6　小まとめ

　ひろしま型カリキュラムの教材を利用し、多重知能理論や教科横断的指導（CLIL）の視点を主眼にして祇園小学校で実践した、「海の生物」をテーマとする英語学習の成果についてまとめをしておこう。まず、授業実践例からは、数多くの知能が英語学習に活用されているのが本時の最も重要な特徴であろう。海の生物の違いを認識し分類することで博物的知能が生かされているのに加え、写真やイラスト（視覚・空間的）、複合語の仕組みへの気付き（言語的）、チャンツ（音楽的）、会話の予測（論理・数学的）、生物のジェスチャー（身体運動的）、協同学習（対人的）、自己評価（内省的）などの活動を取り入れることにより、英語学習を通じて複合的な知能の活性化が達成できるのである。これにより、学習者は自らの得意な知能を使って授業内容への理解をよりいっそう深めることができ、反対に苦手な分野であっても、協同学習などの助けあいを通じて弱い知能を強めていくことができるのが多重知能理論を生かした英語教育の大きな特徴の１つといえる。また教科横断的（CLIL的）には、本時の授業は理科の内容を中心としながらも国語の内容も一部英語学習に生かされていることが重要である。このことは、理科や国語の好きな学習者にとっては、知的好奇心を大いに刺激され、英語学習に対する興味・関心もよりいっそう高まるであろうことが推察される。さらに、以上のように多重知能や他教科の内容を生かすことは、コミュニケーション能力の育成とも密接な関係がある。これらの指導法は、オーセンティックな会話の場面を提供し、幅広い分野の英語使用にも繋がり、教室内であっても実生活に密着したより自然な形での「聞く」「話す」のコミュニケーション能力を習得させることを可能にするのである。

　次に、アンケート調査結果からは、「海の生物の授業への興味」「好きな

生物を聞く」「好きな生物を話す」「コミュニケーション活動への興味」などの項目で95％以上、「クイズの理解」では89％の児童がそれぞれ肯定的回答をし、児童の実際の反応からも本時の英語学習の一定の成果が指摘できた。また、小テストの結果では単語によりやや差は見られたものの、英語学習後の単語の定着率は概して高かった。ここからは、多重知能を生かす教科横断的指導が、語彙の面での大きな成果につながるであろうことを示唆している。

　本研究の結果、とりわけ理科の得意な子どもにとっては、知的好奇心から興味・関心が高まり、授業内容への理解を深めながら「聞く」「話す」のコミュニケーション活動を効果的に行えることが示された。したがって、博物的知能及び他の知能を統合的に生かす理科との教科横断的英語学習は、子どもの個性や得意分野を生かす意味でも、学習者中心の指導法を実現していく意味でも、これからの小学校英語教育にとって重要であるといえる。

第4章　中学校英語教育

4.1　現状と課題

　Benesse 教育研究開発センター（2009）による「第1回中学校英語に関する基本調査（生徒調査）」（2009年1～2月実施／全国の中学2年生2,967名対象）の「英語の授業の理解度」の項目において、「ほとんどわかっている」と「70％くらいわかっている」の合計が約4割だったのに対し、「30％くらいわかっている」と「ほとんどわかっていない」の合計は3割弱と、生徒の理解度には大きなばらつきが見られた。また、「好きな教科」の項目（複数回答）では、第1位が保健体育（53.3％）で、以下は音楽（40.2％）、社会（37.6％）、美術（36.1％）、理科（35.3％）、技術・家庭科（34.1％）、数学（32.8％）の順となった。一方で、英語が好きと回答した生徒は25.5％にとどまり、国語（25.0％）に次いで2番目に低かった。
　そこで本章では、まず、こういった各学習者による理解度の差異に着目しつつ、英語の授業に対する興味・関心を高めるためにも、他教科への好みを生かした教科横断的（CLIL 的）な学習者中心の英語指導を実施する可能性について論じていく。具体的には、理科、数学、技術家庭などを英語で教えている、部分イマージョン校での中学生を対象としたアンケート調査に基づき、第1に、それぞれの教科内容を英語で学習することへの興味や理解の度合い、第2に、英語で授業を受けることでの良い点や難しい点を検討する。その結果、これらについて教科内容による違いも考慮に入れながら、他教科の内容を一部取り入れた英語の授業を行うことは個々人の理解力の向上にも繋がり、公立中学校でも効果的であるかどうかを考察

する。

　ここでは、2つの中学校の事例を取り上げる。1つ目の事例はGardnerのいう「理解」を軸に興味・関心や英語学習効果を主要な指標として、同時にコミュニケーション能力育成の視点からも、理解を目指す教科横断的指導について検討していく。また、2つ目の事例では、以上のような視点に加え4技能統合や多重知能にも焦点を当てながら、教科横断的な個性重視の英語指導の効用を論じていくこととする。

　次に、コミュニケーション能力を高めるには8つの知能全部が重要であることは言うまでもないが、その中から中学生には効果的ではないかと思われる2つ、身体運動的知能と対人的知能を事例として取り上げる。コミュニケーション能力育成の視点に加え、前者では、身体運動的知能を活用した指導法が中学生の英語学習に対する興味・関心をどのぐらい引き出し、この指導法により英語学習効果がどの程度感じられるかも検討課題とする。また、教科横断的（CLIL的）な視点からは、特に体育の教科内容を英語学習に取り入れる際の利点や問題点を考察する。一方、後者においても前者と同様に、対人的知能を利用した指導法をコミュニケーション能力育成、興味・関心、英語学習効果や教科横断的視点から検討するのに加えて、4技能統合や協同学習にも焦点を当てながらこの指導法を考察していくこととする。

　そして最後には、やはりコミュニケーション能力育成には不可欠の「英語使用」の観点から、部分イマージョン校と公立中学校の比較を試みる。また、教科横断的な視点も盛り込みながら、「英語使用」や多重知能の活用の違いが学習者の動機づけにどう影響を及ぼしているかについても、2つの中学校の学習者を対象に検討する。

4.2 理解度を高めるための教科横断的指導
―私立加藤学園暁秀中学校の事例より―

4.2.1 中学校の新学習指導要領における「理解」と「教科横断的内容」の記述

　2008年3月に改訂された中学校の新学習指導要領（2011年度より全面実施）において、文部科学省による理解や教科横断的内容についての扱いはどのようなものであろうか。理解については、現行の学習指導要領から引き続き、「言語や文化に対する理解」や話し手や書き手の意向の理解などを通して、「積極的にコミュニケーションを図ろうとする態度の育成」を図るべきことが目標として掲げられている。ここからは、理解に根ざしたコミュニケーション能力の育成が英語の授業で意図されていることが読み取れる。一方で他教科との連携については、小学校の新学習指導要領（2008）ほど明確な言及は見られず、教材は「生徒の発達の段階及び興味・関心に即して適切な題材に変化をもたせて取り上げるもの」とされているのみである。ただし、具体的内容として、現行版の「英語を使用している人々を中心とする世界の人々及び日本人の日常生活，風俗習慣，物語，地理，歴史」に対して、2011年度実施の改訂版では「自然科学」などが加えられている点は特筆すべきであろう。教科横断的（CLIL 的）にいえば、これまでの社会科中心の分野に、理科や数学の教科内容も付け加えられたと解釈できる。

　この新学習指導要領の着実な実施に向け、2009年3月には小・中学校を対象として、「英語教育改革総合プラン」（文部科学省、2009）が発表された。この中の「指標と目標」では、児童・生徒の英語学習に対する興味・関心について80パーセント以上、また、理解・習熟度について60パーセント以上の肯定的回答を目指すとされている。この数値目標の設定は、興味・関心と理解を密接に結びつけ、両方の相対的向上を目指す文部科学省の積極的姿勢を示すものといえよう。

4.2.2 Gardner 理論を応用した「理解」のための英語教育

本書では、より効果的なコミュニケーション能力の育成を図るため、小学校および中学校において CLIL 的に他教科を生かす、意味内容に焦点を当てた理解のための英語指導法を模索している。しかしながら、2章の理論的背景でもすでに述べたとおり、個々人の興味・関心や理解力の違いを考慮に入れる必要性からしても Mohan (1986) や Brinton, Snow and Wesche (1989) により提唱された内容重視の指導のみでは不十分であり、各学習者の脳機能の違いに密接に関連する多様な知能の強弱に着目した Gardner (1983 ; 2006) の「理解のための教育」を英語指導に応用することが重要であると考える。

Gardner の多重知能理論に基づく「理解のための教育」の考えを中学校の英語教育へ適用することにはいくつかの意義がある。第1は、先の Benesse 教育研究開発センター (2009) の調査でも示された通り、各学習者の英語の授業に対する理解度には大きなばらつきが見られるのであるが、この理解度の差異は当然と受け止めた上で、強い知能はもっと強く弱い知能も協同学習や横断的学習で強めていく工夫をすることにより、各学習者の英語の授業への理解度が深まるような指導が可能となる点である。Gardner によれば、各学習者の理解の仕方は各々の知能の強弱にも左右されて多角的である。強い知能の場合(1つだけとは限らない)、もしも博物的知能と身体運動的知能に秀でている学習者ならば、環境問題を考え実際にロールプレイで演ずるような理科の教材内容を英語指導に盛り込むことにより、彼らの得意な知能をますます伸ばすことができる。反対に、これらの知能が弱い学習者の場合でも、環境問題を考える際に協同学習の要素を取り入れ対人的知能も指導に追加することにより、強い知能の子が弱い知能の子を助けながら学習をすることが可能となって、弱い知能を強い知能へと高めていくことができる。また、小学校の場合と同様に中学校でも、理科と英語の横断的学習をすることによって、英語が苦手でも好きな理科の内容に助けられ英語により興味・関心を持ちながら効果的に学ぶこ

とができるかもしれないし、英語が得意で理科が苦手ならその逆もあり得る。つまり、協同学習だけでなく、横断的学習の導入によっても不得意な教科や知能はより高まり、同時に学習者の理解度も深まっていくと考えられる。

　第2は、Gardner によると、理解の達成には獲得した知識、概念やスキルを新しい場面や状況に実際に適用できることが重要であるとされている点である。これを中学校英語教育に応用して考えてみるならば、文法や語彙を知識として獲得するだけが理解に繋がるのではなく、それらを実際の場面で使用できるようになることこそ理解にとって重要であるといえよう。言い換えれば、理解の指標として重要な役割を果たすのは「英語使用」であり、ひいてはそれはコミュニケーション能力の育成にも繋がるのではなかろうか。加えて、ここでも横断的学習を導入することは、実生活の幅広い分野を網羅する形でオーセンティックな英語の使用場面を増やすことを可能にするのである。

　以上のように、Gardner の「理解のための教育」を中学校英語教育に適用することは、知能の強弱に関わらず、学習者が潜在的に持つ多重知能を活性化し理解を促進することへ寄与するのである。さらに、こういった理解は、多重知能理論を CLIL のような教科横断的指導と組み合わせることでより深化していくと考えられる。「理解のための教育」は、個々人の学習特性、すなわち知能の得意・不得意を十分に考慮に入れた学習者中心の指導に結びつくのである。

4.2.3　研究の概要

4.2.3.1　調査内容

　理解を目指す教科横断的指導が、学習者に対していかに効果的か探るため、以下の3点を調査する。

① 部分イマージョン校における中学生は、英語による他教科の授業にどの程度の興味を持ち、各教科内容をどのくらい理解し、また、その理

解はいかに英語学習効果の実感へと結びついているか。
② 理解や技能別の視点から、英語で他教科の内容を学習することでの良い点や難しい点とは何か。
③ Gardner の理解の指標としても重要である英語の実際の使用は、教室のコミュニケーション活動の中でどの程度行われているか。

4.2.3.2 調査対象者と調査方法

　2009年6月、静岡県内の私立加藤学園暁秀中学校において、イマージョンクラスの生徒全員（1年生25名、2年生27名、3年生16名）にあたる計68名を対象に、無記名式のアンケート調査を実施した。なお、具体的な質問項目については、2008年度に行った加藤学園での授業観察および聞き取り調査に基づいて作成した。回答方法としては、主に「とても」「まあまあ」「あまり」「全く」の4点法による選択式を採用し、「良い点・難しい点」の質問項目では上位3つを選択する方式と自由記述式を併用する形で、アンケート調査の結果を分析した。

4.2.3.3 調査対象者の英語力レベル

　アンケート調査の自己申告結果（表1）によると、多くの生徒が小学生

表1　今までに合格した英検の一番高いレベル（2009年6月現在）

学年		中学1年生 (24人)		中学2年生 (24人)		中学3年生 (16人)	
（回答者数）							
級	レベル	取得数	全体比	取得数	全体比	取得数	全体比
準2級	高校中級程度	11	45.8%	9	37.5%	3	18.3%
2級	高校卒業程度	13	54.2%	11	45.8%	12	75.0%
準1級	大学中級程度	0	0%	3	12.5%	0	0%

（この表に加え、中学2年生で5級取得者が1名（4.2%）、中学3年生で1級取得者が1名（6.3%）いる）

の頃から加藤学園のイマージョンコースで学んでいることもあり、中学卒業程度の英検3級はほぼ全員、ほとんどは準2級または2級を取得している。とりわけ、中学校入学以来2年以上にわたり他教科を英語で学んできた3年生では、英語学習の成果が著しく、4分の3の生徒が高校卒業程度である2級にすでに合格している。

4.2.3.4 加藤学園の教育目標と指導法

加藤学園（2004-2005）は、自らの使命として、生徒の「第一言語力（日本語力）を維持する一方、一般教科を英語で習得することで高い英語力を養成」していくと宣言している。具体的には、中学1年生で60％の授業、中学2～3年生では45％の授業を英語で実施する部分イマージョン教育を通して英語力の向上を図りつつ、国語、体育、音楽、歴史に加え、数学や英語も一部日本語で行うことによって日本語力を伸ばすことも目指している。こういった両言語能力の育成という目標に加え、加藤学園では、たとえ英語での授業であろうが日本語の授業であろうが、「各教科の内容を確実に理解する」ことも重要な教育目標の一つとして掲げられている。この理解に焦点を当てる教育目標については、文部科学省の学習指導要領に基づくカリキュラムと、国際バカロレア機構（IB）のプログラムとの統合によって達成すべきことが意図されている。すなわち、従来の日本型教育の特徴である知識の習得とその再現能力を重要視しながら、単なる習得したパターンの再現にはとどまらず、IBで要求されるところの、現実社会で遭遇する未知の事柄に対する問題解決能力や、それを分りやすく第3者に伝えていくコミュニケーション能力も重要な学力と捉えた教育を展開する。英語教育でいえば、文法や会話のパターンを習得し再現できるだけでなく、実生活の様々な場面にも応用できる英語運用能力を高めることを目的としており、この点ではGardnerの「理解」の概念とも大いに符合する。

指導法としては、加藤学園（2008）の中学校1～3年生の課程において、IBのミドル・イヤーズ・プログラム（MYP）が採用されている。MYPの

特徴の第1は、"Learner's Centered Approach"（学習者中心の指導）で、生徒自らが情報収集、グループ・ディスカッション、発表等を行っている。第2の環境を意識した教育では、環境に関連する同一テーマを国語・理科・社会など複数の教科で違う観点から取り上げ、各教科が単独ではなく相互に協力し合って教えているのが特徴的である。第3の特徴は、もの作りなど実体験を重視した指導法で、机上で学習するだけでなく、学習事項が現実社会の中でどのような意味を持っているのかを生徒に常に考えさせる教育を行っている。以上のようなIB的授業展開は、生徒自らを授業へ主体的に参加させて理解の手助けをするばかりか、教科横断的学習や体験学習の実施により、1つのテーマに関して多角的な方法で学習者の理解を深めようと工夫している点が重要である。まさに加藤学園のMYPでは、英語と他の教科のみならず、英語や日本語で行う他教科間においても、理解を目指す教科横断的指導が行われているのである。

4.2.4　研究の結果と考察
4.2.4.1　興味・関心と理解および英語学習効果の視点

　まず、各教科への興味・関心（表2左）について、肯定的な回答である「とても」と「まあまあ」の合計により中1～3年の全体で分析してみると、英語が94.1％と高いのは言うまでもないが、4分の3以上の学習者は美術（85.3％）、技術家庭（83.9％）、社会・数学（共に75.0％）も好きと回答しており、理科が唯一66.2％とやや低かった。同じ指標で、英語で指導する各教科の理解度（表2右）について考察すると、やはり英語（92.6％）および実技教科の美術（95.5％）と技術家庭（92.7％）の理解度が非常に高く、数学（85.3％）と社会（76.4％）がそれに次ぎ、理科（70.5％）の理解度が一番低かった。これらの結果から、興味・関心度が高いほどそれに比例して理解度も高くなる傾向にあることが分り、両者の間には一定の関連性を指摘できる。それは裏返せば、理解のための教科横断的な英語教育を目指すには、まず学習者の教材内容に対する興味・関心を高めることこそが重要で

第 4 章　中学校英語教育

あるといえよう。

　次に、学年別の考察を行うと、数学と理科において顕著な違いが見られ、これらの科目では学年が上がるにつれて「あまり好きでない」の割合が増え、理解度も低下していく傾向にあった。この理由としては、美術では絵

表 2　英語で行う授業に対する興味・関心度と理解度　　　N = 68（100%）

教科	学年	N	どのくらい好きか？				どのくらい理解できるか？			
			とても	まあまあ	あまり	全く	とても	まあまあ	あまり	全く
社会 Geography/ Economics	中1	25	6 (24.0)	13 (52.0)	6 (24.0)	0 (0)	7 (28.0)	15 (60.0)	3 (12.0)	0 (0)
	中2	27	3 (11.1)	18 (66.7)	6 (22.2)	0 (0)	4 (14.8)	14 (51.9)	8 (29.6)	1 (3.7)
	中3	16	1 (6.3)	10 (62.5)	5 (31.3)	0 (0)	1 (6.3)	11 (68.8)	4 (25.0)	0 (0)
	全体	68	10 (14.7)	41 (60.3)	17 (25.0)	0 (0)	12 (17.6)	40 (58.8)	15 (22.1)	1 (1.5)
理科 Science	中1	25	10 (40.0)	15 (60.0)	0 (0)	0 (0)	11 (44.0)	14 (56.0)	0 (0)	0 (0)
	中2	27	5 (18.5)	9 (33.3)	10 (37.0)	3 (11.1)	7 (25.9)	12 (44.4)	7 (25.9)	1 (3.7)
	中3	16	0 (0)	6 (37.5)	9 (56.3)	1 (6.3)	1 (6.3)	3 (18.8)	9 (56.3)	3 (18.8)
	全体	68	15 (22.1)	30 (44.1)	19 (27.9)	4 (5.9)	19 (27.9)	29 (42.6)	16 (23.5)	4 (5.9)
数学 Math	中1	25	13 (52.0)	9 (36.0)	3 (12.0)	0 (0)	14 (56.0)	9 (36.0)	2 (8.0)	0 (0)
	中2	27	8 (29.6)	14 (51.9)	3 (11.1)	2 (7.4)	10 (37.0)	14 (51.9)	3 (11.1)	0 (0)
	中3	16	0 (0)	7 (43.8)	7 (43.8)	2 (12.5)	0 (0)	11 (68.8)	4 (25.0)	1 (6.3)
	全体	68	21 (30.9)	30 (44.1)	13 (19.1)	4 (5.9)	24 (35.3)	34 (50.0)	9 (13.2)	1 (1.5)
技術家庭 Life/ Technology	中1	25	11 (44.0)	11 (44.0)	3 (12.0)	0 (0)	14 (56.0)	9 (36.0)	2 (8.0)	0 (0)
	中2	27	7 (25.9)	15 (55.6)	5 (18.5)	0 (0)	10 (37.0)	15 (55.6)	2 (7.4)	0 (0)
	中3	16	4 (25.0)	9 (56.3)	3 (18.8)	0 (0)	7 (43.8)	8 (50.0)	1 (6.3)	0 (0)
	全体	68	22 (32.4)	35 (51.5)	11 (16.2)	0 (0)	31 (45.6)	32 (47.1)	5 (7.4)	0 (0)
英語 English	中1	25	10 (40.0)	14 (56.0)	1 (4.0)	0 (0)	12 (48.0)	13 (52.0)	0 (0)	0 (0)
	中2	27	9 (33.3)	17 (63.0)	1 (3.7)	0 (0)	8 (29.6)	16 (59.3)	3 (11.1)	0 (0)
	中3	16	2 (12.5)	12 (75.0)	1 (6.3)	1 (6.3)	3 (18.8)	11 (68.8)	2 (12.5)	0 (0)
	全体	68	21 (30.9)	43 (63.2)	3 (4.4)	1 (1.5)	23 (33.8)	40 (58.8)	5 (7.4)	0 (0)
美術 Art	中1	25	16 (64.0)	8 (32.0)	1 (4.0)	0 (0)	17 (68.0)	7 (28.0)	1 (4.0)	0 (0)
	中2	27	8 (29.6)	13 (48.1)	6 (22.2)	0 (0)	11 (40.7)	15 (55.6)	1 (3.7)	0 (0)
	中3	16	4 (25.0)	9 (56.3)	2 (12.5)	1 (6.3)	8 (50.0)	7 (43.8)	0 (0)	1 (6.3)
	全体	68	28 (41.2)	30 (44.1)	9 (13.2)	1 (1.5)	36 (52.9)	29 (42.6)	2 (2.9)	1 (1.5)

や彫刻、技術家庭ではもの作りや料理など具体的操作の機会が多いのに対し、数学や理科では高学年になるほど教科内容自体の複雑化に加え、英語で抽象的な概念や専門用語を理解するのが難しくなることが挙げられる。ただし、加藤学園の理科の授業例では、専門用語の意味や発音の確認を丁寧に行うなど、理解しやすくする工夫が多くなされていることには触れておく。この語彙面での補助は、学習内容が難しくなりやすいCLILなどの教科横断的指導において、英語の授業への理解度を高める重要な手段といえよう。

　一方で、各教科内容への理解（表2右）と英語学習効果への実感（表3）とは、必ずしも一致していない点が興味深い。「とても英語力向上に役立つ」（中1～3全体）の指標で検討すると、英語（77.9%）の英語学習効果が最も高いのは当然のこととして、社会・理科・数学（いずれも30.9%）と、技術家庭・美術（共に16.2%）とでは約2倍もの差異が見られた。理解度では、後者の実技教科が前者の内容教科を大きく上回っていたことを考慮するならば、これは正反対の傾向である。この理由としては、両者のコミュニケーション活動における量や質の違いが考えられる。すなわち、美術で絵を描いたり家庭科で料理を作ったりの活動では英語使用の機会があまり多くないことに加え、目に見える具体物の助けによりコミュニケー

表3　各教科における英語学習効果（中1～3全体）　　　　N = 68（100%）

	N	とても	まあまあ	あまり	全く
社会	68	21 (30.9)	35 (51.5)	12 (17.6)	0 (0)
理科	68	21 (30.9)	34 (50.0)	10 (14.7)	3 (4.4)
数学	68	21 (30.9)	31 (45.6)	16 (23.5)	0 (0)
技術家庭	68	11 (16.2)	41 (60.3)	16 (23.5)	0 (0)
英語	68	53 (77.9)	14 (20.6)	1 (1.5)	0 (0)
美術	68	11 (16.2)	40 (58.8)	17 (25.0)	0 (0)

ション活動も比較的容易なのに対し、社会でのテーマ学習・理科での実験結果の分析・数学での論述問題などでは話し合ったり発表したりの機会も多く、問題解決のための抽象的思考に基づくより高度なコミュニケーション活動が要求されるためであろう。なお、内容教科の中で数学に「あまり」が多いのは、計算では必ずしも英語の助けを借りる必要のない万国共通の数式を視覚化して用いていることも一部影響していよう。

　以上の調査結果は、Gardner のいう個々人の持つ知能による得意・不得意の存在、つまり分野による多様な興味や理解力の違いを明らかにしつつも、全般的には英語科および英語で教える他教科への関心度や理解度が高いことや、他教科での英語学習効果を多くの生徒が実感していることも示唆している。これらの点からすると、加藤学園中学校生徒の英語レベルの高さを考慮に入れる必要はあるが、公立中学校の英語学習に他教科の内容を一部導入する提案には一定の意義があるといえる。

4.2.4.2　教科横断的指導の良い点と難しい点

　英語を使用して他教科の学習をする良い点（図1）について検討すると、技能別には、中1～3年生全体の半数以上が「聞く」（56.7％）・「話す」（59.7％）を挙げており、「読む」「書く」を選んだ者は全体の約2～3割弱にとどまった。自由記述においても、「外国人とコミュニケーションをとれる機会があって良かった」や「海外からの人達と気軽に話すのに役立つ」との言及が見られ、CLIL のような教科横断的指導の利点として、「聞く」「話す」を中心としたコミュニケーション活動の機会の多さとその学習効果を意識している者が最も多いことが分かる。また、社会や理科や数学を英語で学ぶということは、現在の公立中学校の英語のみの学習では不可能なほど幅広い分野の教材および語彙領域に触れるということであるから、「いろいろな種類の単語が学べた」を利点として挙げる学習者が全体の35.8％を占めた。

　さらに、イマージョン教育では英語の授業を除き、英語は単なる手段と

して、多様な生徒の興味・関心を刺激するオーセンティックな他教科の教材で学ぶため、「英語を自然に使えるようになった」(37.3%)や「英語を学ぶのが楽しくなった」(40.3%)を利点と感じる者も少なからずいた。

　一方、難しい点(図2)では、特徴的な点がいくつか見られた。第1には、先生や友達の話を聞いて英語で理解することが難しいと感じる学習者は少なかったが、自らが英語を話して表現するのは困難と思う者が多くおり、この傾向はグループ内(16.2%)よりもクラス全員の前(44.8%)の場面で強く観察された。第2は、幅広い語彙が学べるのは利点である一方で、数学や理科の「専門用語を英語で理解すること」(65.7%)はやはり難しいと感じる学習者が多くいた。そして第3には、「英語でノートをとる」(0%)といった、写すだけの単純な作業は容易であるが、「問題や課題に対し英語で考えていく」(73.1%)活動は困難と思う者が多くいた。なるほど、自分を人前で表現したり考えたりが苦手なのは、英語教育だけに限ったことではなく日本の教育全体の問題点でもある。他に自由記述においては、「新しい語彙を記憶すること」や「フォニックス」が挙げられた点も特筆すべきであろう。

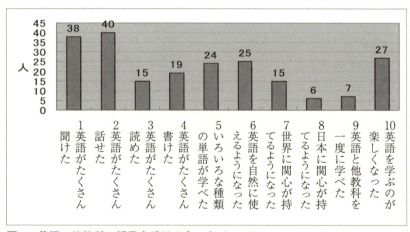

図1　英語で他教科の授業を受ける良い点(N=67)

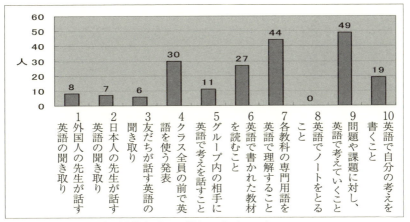

図2　英語で他教科の授業を受ける難しい点（N=67）

4.2.4.3　英語使用の視点

　Gardnerによると、理解の達成には「知識の使用」も重要な要素となるが、加藤学園では各教科のコミュニケーション活動を通して、概ね英語の使用がなされている（表4）。ただし「とても」「まあまあ」の合計値（中1〜3全体）において、先生に対して（89.6%）と友達に対して（46.3%）とでは、その英語使用度に大きな差が見られた。また、学年別にみると、先生と話す時はあまり変化がないものの、生徒同士で話す時には高学年になるほど英語使用度が低下していくのも興味深い。

表4　英語で授業を受ける時の英語使用度

（中1 N = 25、中2 N = 26、中3 N = 16での%）

	とても			まあまあ			あまり			全く		
	中1	中2	中3	中1	中2	中3	中1	中2	中3	中1	中2	中3
先生と話す時	40.0	38.5	31.3	48.0	53.8	56.3	12.0	7.7	12.5	0	0	0
友達と話す時	8.0	11.5	0	72.0	23.1	12.5	20.0	42.3	56.3	0	23.1	31.3

4.2.5　小まとめ

理解のための教科横断的指導に関して、加藤学園中学校での調査結果から、以下の３点を示唆したい。

① 英語で指導を行う各教科に対する興味・理解・英語学習効果においては、教科や学年による差異は多少あるが、全体的には３つの指標ともに高い肯定的数値が得られた。理解を軸に３者の関係から見ると、理解度と関心度の高さは比例していることから、英語学習の際に、各学習者の多様な興味に応えるような教科横断的指導を行うことは、英語の授業に対する理解度の向上のためにも効果的であるといえる。一方で、理解度と英語学習効果の実感とが必ずしも一致していないことからは、理解しやすい実技教科（技術家庭、美術）だけでなく、理解はやや難しいと感じられる内容教科（社会、理科、数学）による英語学習を行うことも、よりレベルの高いコミュニケーション能力育成のためには必要であると示唆できる。

② 英語で他教科内容を学習する良い点では、「聞く」「話す」の機会の多さに加え、「自然に」「楽しみながら」英語学習できることや「語彙の習得」を挙げた生徒も少なからずおり、これらの利点は、公立中学校にCLILのような他教科横断型の英語指導を取り入れるとすれば有益な示唆となろう。一方、難しい点では、「専門用語の理解」の他に、クラスの前で話したり英語で思考したりを苦手とする生徒が非常に多く、これらの克服が日本人学習者への効果的な教科横断的指導を考える際の課題といえよう。

③ 教科横断的指導では、聞いたり話したりの活動場面がオーセンティックで多様なこともあり、理解の指標として重要な英語使用が教室内で頻繁に行われ、コミュニケーション能力の育成にも役立っているが、高学年になると生徒間での英語の使用頻度が低くなるという問題点も指摘された。

以上、克服すべき問題点もあるが、理解、多様な興味、聞く・話す、自然な言語習得、語彙、英語使用等の点では、公立中学校の英語教育にも他教科の内容を一部導入することに価値があるといえる。

4.3 コミュニケーション能力、4技能統合や多重知能を生かす教科横断的指導—AICJ中学校（広島）の事例より—

4.3.1 コミュニケーション能力の育成

　多重知能理論において、コミュニケーション能力は複数の知能の中で含意され育てていくべき重要な要素と考えられているようである。言語的知能では話し言葉や書き言葉に焦点をおき、論理・数学的知能では論理的側面に重点を置き、視覚・空間的知能ではイメージを利用し、身体運動的知能では身体全体や部分を用い、対人的知能では相手の気持ちをよく理解した上での、コミュニケーション能力がそれぞれ必要とされる。このような多重知能を生かしたコミュニケーション能力育成のモデルは、ほとんど見当たらないが、唯一参考となるモデルが広島県にあるAICJ中学校の教育目標である。AICJの教育理念は多重知能理論に基づくものではないが、次のような目標に多重知能理論との関連性が見られる。「AICJ中学校では、コミュニケーション能力の養成に力を入れています。英語によるディベートの授業、パワーポイントを駆使した英語による課題発表など、日常的に自分の意見をまとめ、それを相手にわかりやすく、論理的に伝えることを授業に取り入れています」（AICJ, 2006, p.4）や、「生徒は、それぞれの学習に関して口頭でも文章でも考えを述べていくことが求められます」（AICJ, 2006, p.5）といった言及は言語的、視覚・空間的、論理・数学的知能の定義に、「コミュニケーションとは、生徒の探究心や理解を促し、また自分の学習を省みたり表現したりすることを支える根本であるため、学習の基礎であるといえます」（AICJ, 2006, p.5）は内省的知能の定義に、「高いコミュニケーション能力とは、単に適切に言語を操ることに限らず、他人の意見を聞き、その意見やその特徴、細かいニュアンスなども理解す

る力です」(AICJ, 2006, p.5) との言及は対人的知能の定義に、それぞれ当てはまる。

　また、AICJ 中学校でコミュニケーション能力は、英語科や英語で行う全ての教科を通じて達成されるべき課題と捉えられているが、理科の授業の実践例を挙げてみよう。例えば、「音」をテーマにした授業（AICJ, 2006-11-07）では、最初に学習者は、"Light travels in a straight line." "How about sound? What do you think how sound travels?"（光は直進しますが、音はどうでしょう？音はどう伝わると思いますか？）という問いに対し自らの仮説を立てるように求められた。次に、その仮説に基づいて、教師からのヒントなど援助の下で、グループごとにお互いの意見を交換し合いながら答えを見つけ出そうとする発見学習を行った。そして話し合いが終わった後にクラス全体で、音の特性や音の聴こえ方に関する仮説の検証が実施された。本授業において、コミュニケーションの視点から最も興味深いのは、学習者が自分ではたとえこのテーマに知識があり理解していたとしても、自らの立てた科学的仮説をどう分かりやすく他人に伝えるかという点である。その際学習者は、適切な語彙を用いることに加え、他にも身振り、手振り、図を描くなどの手段で説得を試みることが期待されており、ここでも身体運動的知能や視覚・空間的知能など複数の知能を生かした、有効なコミュニケーション能力育成のための英語指導が実施されていると考えられる。

4.3.2　オーセンティックな内容の重視

　AICJ 中学校では、現実生活に密接したオーセンティックな内容を導入し、学習内容に知的興味を引き出させる学習者中心の横断型英語指導例が多くあるが、ここでは代表的な 2 つの事例を検討してみよう。1 つ目は数学の授業（AICJ, 2006-05-23）である。この授業では、「テニスコートの白線の面積を測定する」をテーマに、6 人 1 組のグループによるプロジェクトの結果に基づき学校が白ペンキを購入するという設定がなされた。各グ

ループはまず、白線に必要なペンキの量の測定方法を考えた後、実際のテニスコートに出てメジャーなどを用いた面積の測定を行った。この活動で重要なのは、教室内での面積計算といった数学の内容にはとどまらず、同時に学習者の教室外での環境問題に対する意識も高めている点である。なぜなら、各学習者が効果的な方法をよく考え、無駄なくペンキを用意できれば環境に対しての影響を最小限にすることが可能だからである。ここで学習者は、自らが主体となる体験学習により、現実の問題に対して生き生きと関わっていることがわかる。

2つ目の理科（AICJ, 2006-11-09）では、「音の性質」をテーマに、音が社会においてどのように影響しているかを考える授業が行われた。まず、学習者は騒音（空港や高速道路など）の定義を確認し、人体や自然界にどのような悪影響があるのかについて話し合った。次に、班ごとに騒音公害の例を取り上げ、どのような対策ができるかを寸劇（工事現場の再現、うるさい車と警官、2階立ての家の抱える騒音公害など）で発表した。ここでも理科の教科内容が、身の回りの「騒音公害」という実生活に近い形で、主体的に楽しく学ばれることが意図され、学習者の知的好奇心を刺激していることは疑いないであろう。

4.3.3 語彙指導上の工夫

英語学習の初期段階において各教科の専門用語を説明なしに、もしくは英語のみの解説で導入することは、学習者の授業内容全体の理解を困難にする恐れがある。この問題を解消し学習効果を高めるため、AICJ中学校は語彙指導についていくつかの工夫をしている。1つ目は、英語で指導する科目への日本人教師と外国人教師によるティーム・ティーチング方式の採用である。ただし、その特徴は、公立中学校の英語の授業で一般的な外国人教師が日本人教師の補助をするもの（ALT方式）とは大きく異なる。AICJ中学校でのティーム・ティーチングの主旨は、「生徒の英語力の伸びに応じて、英語による指導の割合を変化させ、無理なく各教科の指導内

容が習得できるようにしています」(AICJ, 2006, p.4) と明記されており、年間を通じての学習段階や個々の授業の場面・展開により柔軟な対応がとられている。例えば、中1生 (J1) が入学して約半年が経過した数学の「比例」の授業 (AICJ 授業観察, J1, 2006-10-21) では、まず基本事項となる専門用語が英語でしっかりと押さえられた。外国人教師による英語での説明を十分理解できない場合は、さらに日本人教師がクラス全体または個別に日本語での補足説明を行った。この数学の授業観察の結果、この段階では、難解な用語や概念の説明を中心に3割程度が日本語で、問題解説や生徒とのインタラクションや簡単な指示も含め残り7割程度が英語で指導されていた。

　2つ目の工夫は、授業で英語の学習効果を最大限高めるための事前学習の充実である。例えば、理科の「生態系」の授業 (AICJ 授業観察, J1, 2006-10-21) では、本時の学習活動 (エコロジーを中心とした意味図の作成、グループワーク、ディスカッションなど) の手助けとして、専門用語リスト (英―日) があらかじめ自習用に配布されていた。また、重要な用語は授業内でも必要に応じて英語と日本語の両方で説明され、授業の最後では学習者の理解度を確認するため英語での用語当てクイズも実施された。なおこの授業では、「個々の動植物の役割を識別し、生物間の相互作用を理解する」という学習活動を通して博物的知能も活用されている。

　3つ目としては、語彙指導の側面が多重知能理論といかに関連しているかという点も重要である。語彙指導は、言語的知能のみならず、他の知能との関連性が見られる。例えば、視覚・空間的知能との関連性として、理科の「超音波」の授業 (AICJ, 2006-11-15) があげられる。この授業で学習者は、胎内にいる赤ちゃんの2つの映像 (2Dと3D) を見比べ、超音波技術の進歩により3Dの方が正確に赤ちゃんの表情を読み取れることを学ぶ。その3D映像の中で、いろいろな赤ちゃんの表情に合わせて出てくる英単語を読み取りながら、視覚イメージと共に英語の語彙力も伸ばしていけるのである。この学習は医学のESPと符合している点も興味深い。ま

た、アニメーション「ウォレスとグルミット」を教材に用いた英語の授業（AICJ，2006-11-29）では、学習者はこのアニメを見た後に、どれだけ英語の語彙や話の内容を理解しているのか自ら確認するためプリント問題に取り組んだ。ここでは、語彙指導にアニメという映像を通して視覚・空間的知能が活用されているのに加え、語彙がリスニングなど他の技能と統合されて教えられている点も注目に値する。身体運動的知能を生かした例としては、体育の「バスケットボール」の授業（AICJ授業観察，J1, 2006-11-23）を見てみよう。この授業では、4つのグループに分かれ、正方形の頂点に立ち、走りながらパスをまわしていく「スクエアパス」の練習が行われた。語彙指導の点で重要なのは、指導者の発する方向・位置・動作（バスケットの専門用語も含む）についての数々の英語での指示を聞き、学習者はそれに合わせて身体を動かしながら自然に語彙を習得していけることである。これら一連の実践例から、英語学習の初期段階での語彙獲得は、座って指導者の話や板書を書き写す伝統的授業形式では困難と思われるレベルでも、視覚イメージや身体を活用すること、言い換えれば複数の知能を組み合わせることによってより容易になるであろうことは推測できる。以上のようにAICJでは、多重知能を応用した語彙指導の実践が数多く行われている。

4.3.4　多重知能を生かす教科横断的指導

　多様な知能を生かすためにも教科横断的指導という考えは必要不可欠であるが、伝統的に日本の英語教育では、文法・訳読や機械的な口頭練習中心の授業にも代表されるように、とりわけCLIL的な他教科の内容との連係は不十分だったと言える。従来型（図3）のように、各教科の無意味で孤立的な学習では、記憶の点でも、知識の実践的な活用の点でも、なかなか学力は統合的には発達しないのではなかろうか。各教科が有意味にかつ複雑に重なり合って初めて、すなわちGardner（1983：2006）のいう8つの潜在的知能が多重に活性化してこそ、将来の様々な場面の現実生活に対

処する能力とともに、英語力と他教科の学力は相乗的に伸びていくのではないかと考えるのである。

　Gardner（1999）によれば、「トピックは孤立して存在するのではない」（松村訳, 2001, p.247）とされる。つまり、トピックは単一の分野に属するものではなく、既存の学問や現れつつあるいろいろな学問に由来するものであり、それらによって部分的に規定されている性質のものなのである。例えば、ホロコーストのテーマは歴史の分野と深い関わりがある。しかしながら、それはまた、この出来事を表現しようとする文学や芸術の分野、あるいは倫理や道徳性といった哲学の分野に関わってくることもあるかもしれない。この Gardner が主張するトピックの性質を考慮に入れるならば、あるテーマを別個の教科ごとに分断して学習する方が不自然かつ非効率であり、むしろ教科横断的に、あるテーマをいろいろな分野と関連づけながら学習していく方が自然で効率的ともいえよう。こういった教科相互間の関連づけによる多角的学習は、学習者の興味・関心を引き出し、理解力を高め、ひいてはより大きな学習効果を生み出すことにも繋がるのではないであろうか。この点においても、教科横断的指導を導入することは英語教育に限らず有意義であるといえよう。

　他方で、AICJ 中学校は、「全人教育」を重要な教育目標の１つに掲げ、次のように述べている。「各教科は単体で存在するものではありません。ある教科で伸ばしていく能力や思考は、常に他の教科と関連しています。授業では、知識の暗記ではなく、その知識を使う能力を育成することに重点を置きます。身につけた能力は、教科間の垣根を越えて、様々な場面で使うことができるようになります」（AICJ, 2006, p.5）。この主張は、英語のみならず教科横断的指導の重要性を強調したものであるが、以下ではその実践例を通して複数の仮説モデルを提示していこう。

　第１の例（図4）としては、「楽譜の作成や音の性質」をテーマにし、長期にわたり２つの段階に分けて行われた音楽の授業を取り上げてみよう。最初の段階（AICJ, 2006-09-22）では、各学習者は国語の授業ですでに習っ

た「河童と蛙」（草野晋平作詞）にメロディーやリズムをつけ、パソコンでその楽譜を作っていった。その際、多重知能理論の視点で興味深いのは、指導者が「5音音階（1つの楽曲の中で5つの音階のみを使う）で、一曲の中で同じリズムの小節を2回以上作る」という条件を設定し、学習者に自分の思いついたメロディー・リズムを詩につけさせている点である。国語と音楽の教科横断的指導という意味では言語的知能と音楽的知能が活用されているのに加え、一定のルールの下に思考し創作活動をするという点では論理・数学的知能も生かされているといえる。こうして学習者により作曲された作品の中で、代表作をクラス全体で共有し、合唱し録音して次の学習へと進んでいった。今度の段階（AICJ 授業観察，J1，2006-11-18）では、学習者は録音した音源をコンピューターへ取り込み、波形を視覚化することで、同時期に理科の授業でも取り組んでいる音の性質の理解をさらに深めていった。つまり、ソフトを使って振幅や波長を変えてみると、振幅は音量、波長は音の高さやテンポに関わることが確認できたのである。ここで音楽の授業は、国語から理科との教科横断的指導へと移行すると同時に、新たに視覚・空間的知能が学習活動に追加され、活用されていることになる。また、一連の音楽を軸とする国語や理科との教科横断的活動は英語で行われているので、この2段階の授業は、教師と生徒や生徒間の英語インタラクションなども盛り込んでコミュニケーション能力育成にも貢献しているといえる。

　第2の例（図5）は、「世界の食事」をテーマにした技術家庭科の授業（AICJ，2006-06-15）である。この授業の内容は、多くの学校で見受けられる調理実習という形にはとどまらず、その目的は多岐にわたった。1つは、食生活という事例を通して、その背後にある様々な世界の文化の違いを感じ取っていくことが意図された。もう1つは、料理の内容を細かく分析することにより、それぞれの料理がどういう栄養素や化学成分から構成されるかを学んでいくことが意図された。ここでは明らかに、社会や理科など複数の教科との連携を図るカリキュラムに基づき、授業展開がなされてい

る。また、ティーム・ティーチングで2人の指導者と学習者が英語でコミュニケーションをとりながら、指示に合わせて実際に身体を動かしながら料理を作っていくという意味において、身体運動的知能を生かした英語指導法が学習活動に取り入れられている。

　第3の例は、「風」をテーマにした社会科の授業（AICJ, 2006-06-15）で、この授業自体は日本語で行われたものだが、教科横断的指導や多重知能理論の視点から興味深いので考察してみる。「風」を学習する場合、伝統的な社会科の授業では貿易風や偏西風など風の種類やその特徴を知識として丸暗記させる方式が多いが、AICJ中学校では単純に記憶させるのではなく、「関連づけ」や「問題解決」に焦点を当てた学習方式がとられている。具体的に説明すると、前者では、「風」（社会科）を「気圧や力」（理科）や「正弦曲線」（数学）など他教科の内容と関連させてより深く多角的に教えられた。後者では、日常生活と密接に関わる学習者の「なぜ？」の発問に対し、学習者自身で、または他の学習者とのディスカッションによって問題解決をし、テーマに関する理解を表面的なものではなくオーセンティックなものに高めていくような授業展開が取り入れられている。もしもこの授業が英語で行われていたと仮定するならば（図6）、他人との相互作用を通して問題解決していける能力＝対人的知能が英語指導の中で生かされていたはずである。

　以上の3つの例では、教科横断的指導という形で多重知能を上手く活用することにより、複数の教科間相互の理解がより深まっていく効果があることが示唆された。それは、たとえ英語の授業時間の枠内であっても、学習テーマに応じて他教科の内容を一部または複数取り込むことで英語の学習効果も相乗的に期待できるということを意味し、公立中学校においても、教科横断的（CLIL的）視点の英語教育は学力を有効に発達させる新しいモデルとして導入可能であると考えられる。我々が、ある学習テーマはいろいろな教科を横断する形で存在しており、また、学力は複数の知能が絡み合ってこそ伸びていくという前提に立てば、こういった視点の英語

教育を積極的に取り入れていくことも必要となろう。視覚・空間的知能、身体運動的知能、対人的知能など8つの知能を用いて生徒の授業への理解を高める工夫をしていけば、公立中学校でも、CLILに代表される内容と言語を統合する指導が可能となるのではなかろうか。

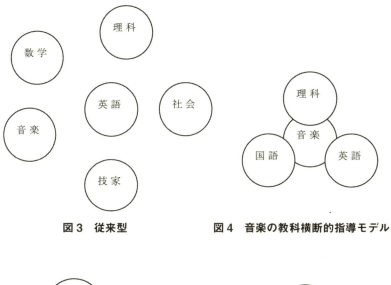

図3　従来型　　　　　図4　音楽の教科横断的指導モデル

図5　技家の教科横断的指導モデル

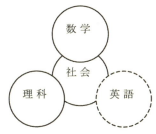
図6　社会の教科横断的指導モデル

4.3.5　4技能を統合した教科横断的な英語指導法

　多重知能を生かした形で、どのように4技能の統合が図られているかを見るために、2つの実践された教科横断的（CLIL的）授業を考察してみよう。1つ目は、2回続きの英語の授業の中で理科の内容を取り入れているもので、以下のような手順で行われた（授業例1）。なお、指導は基本的にすべて英語で行われている。

|授業例1| 英語の授業「惑星」（中1／① 2007-5-31、② 2007-6-08）

① 教師が「自分の惑星を創る」という課題についての説明を行う《聞く》。
　→生徒は自分の惑星に存在する動植物や鉱物の種類その他を想像し＜博物的知能＞、それについてグループ内で話し合う《聞く・話す》＜対人的知能＞。
　→アイディアがまとまったら、各自のイメージした惑星をワークシートにデザインし＜視覚・空間的知能＞、そのデザインにしたがって実際に惑星の模型（納豆プラネット、チーズプラネット、フルーツプラネット……）を作る＜身体運動的知能＞。同時に以下の問いを読みながら《読む》それに答える形で、自分の惑星のデザインの横に説明文をつけていく《書く》。

What is your planet's name?
What is your planet made of? Is your planet a liquid, solid, or a gas?
What temperature is your planet? (℃)
How many (km) from your planet to the earth?
Who/What lives on your planet? What is the weight of your planet?
What has your planet got? (trees, flowers, rocks) What can you do on your planet?
What can't you do on your planet?

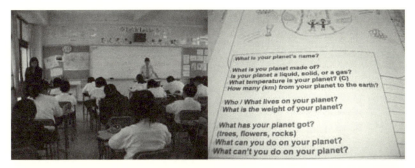

(http://www.aicj.com/blog/2007/05/ より引用)

② 各学習者が自分のデザインしたプラネットを教室に飾り、作ったプラネットについてクラスの前で以下の例のように発表する《話す》＜言語的知能＞。

"My planet's name is ……"
（私のプラネットの名前は…… です。）
"It's made of ……"
（それは ……　で作られています。）
"My planet has got ……"
（プラネットには …… があります。）
"You can …… on my planet."
（そこでは …… ができます。）

(http://www.aicj.com/blog/2007/06/ より引用)

2つ目は、授業例1とは反対に、3回続きの理科の授業の中で英語を用いる指導によって、理科と英語の学習を同時に行っているもので、以下のような手順で行われた（授業例2）。

|授業例2| 理科の授業「宇宙」（中1／① 2007-1-16、② 2007-2-28、③ 2007-3-13）

① 各自の読書の時間
あらかじめ用意された、数多くの英語で書かれた理科の本（宇宙に関する）の中から、自分の興味にあわせて本を選んで読み《読む》、理解できた本の内容を各自が教師に説明する《話す》＜言語的知能＞。

（http://www.aicj.com/blog/2007/01/ より引用）

② 教師が太陽系と天体についての説明を行い、"Why do stars look bright?"といった英語での問いかけをする。《聞く》。
→生徒はグループ別に、恒星と惑星の違いについてディスカッションしながら答えを探していく発見学習を行う《聞く・話す》＜対人的知能＞。
→惑星の具体例として、生徒自らが惑星の公転や地球の自転を考慮して理論的に金星の見え方を解き明かした後で＜論理・数学的知能＞、コンピュータグラフィックスでどのように見えるかを確かめる＜視覚・空間的知能＞。
→宇宙に関する調べ学習のため、各グループは話し合い《聞く・話す》

＜対人的知能＞、自分たちの関心のあるテーマを選ぶ。

（http://www.aicj.com/blog/2007/02/ より引用）

③ 各グループは、選んだテーマ（太陽、日食と月食、天体望遠鏡、人類と宇宙の関わり）について、図書館の本を利用してリサーチを行い《読む》、協力してポスターを作成する《書く》＜対人的知能＞。
→作成したポスターを利用しながら、プレゼンテーションを行う《話す》＜言語的知能＞。
（例）「太陽」について調べた班は、太陽の構造、太陽面爆発、黒点、オーロラについてまとめた。
　　「人類と宇宙の関わり」について調べた班は、人工衛星や宇宙船など、宇宙に存在する人工物と歴代の宇宙飛行士についてリサーチを行った。

（http://www.aicj.com/blog/2007/03/ より引用）

以上の授業例について重要な点を4つ指摘しておこう。第1に、この2

つの授業は従来のような単一の教科のみを学ぶ授業（図7）ではなく、1つ目の例は英語を中心にして理科を学ぶ授業（図8）、2つ目の例は理科を中心にして英語を学ぶ授業（図9）となっている点である。従来のようにバラバラに学ぶよりも、Widdowson（1978）が指摘したように「時間的な効率性」がよいだけではなく、Ausubel（1963）もいうように無意味な機械的学習ではなく理科の内容を重視する有意味な言語学習となっており、学習者の理解にもつながり易いのではなかろうか。第2は、2つのCLIL授業では内容と言語の比重が多少異なるものの、両者共に「読む」「書く」「聞く」「話す」の4技能を効果的に統合した英語指導が行われている点である。ここでは、どれか1つか2つの技能に片寄ってしまうことなくバランス良く4技能が取り入れられているといえる。第3は、画一的ではなく、例えば惑星を学習者自身に自由にイメージさせるなど、各自の興味に合わせた形で8つの知能を統合的に活用する学習活動が取り入れられている点である。英語の4技能と同様に、ここでは学習者の持つ8つの多重知能も統合的にバランス良く活性化されている。また、惑星や宇宙といった各学習者のトピックへの興味は、英語学習への動機づけも高めることになろう。第4は、語彙の面でのインプット量の多さである。この一連の理科と英語の教科横断的指導において、英語という教科の枠内にとどまる英語学習では不可能なぐらい、豊富な語彙（理科用語）や、より多くのコミュニケーションの場面が提供されているのである。

図7 従来型

図8 英語（コア）
―理科（周辺）モデル

図9 理科（コア）
―英語（周辺）モデル

4.3.6　AICJ 中学校におけるアンケート調査結果
4.3.6.1　研究の概要

　以上で述べてきたような指導を受けた学習者が（2007 年の授業例はアンケート後に実施）、英語で教える各教科に対し理解度・興味・必要性の視点からどのような反応を示しているか、また、英語での授業の学習効果や問題点をどう感じているかを考察するために、AICJ 中学校 1 年生の学習者の協力を得てアンケート調査を実施した。なお、ここでの調査結果の分析には 5 点法を用いることとする。

- 実施日　　　：2006 年 11 月 14 日（火）
- 対象校　　　：AICJ 中学校（広島）
- 対象学年　　：中学 1 年生（全 5 クラス）
- 対象人数　　：139 人（内 3 名は帰国子女）

4.3.6.2　理解度の視点

　表 5 に基づいて、学習者が各教科を英語でどの程度理解できているかの視点で見ると、アンケート結果には、はっきりした違いが見て取れる。「とても」と「まあまあ」の合計で見た場合、数学 83.5％、保体 84.1％、技術家庭 69.8％、英語 81.3％といずれも高い割合を示しているのに対し、理科 43.2％と音楽 38.9％は比較的低い割合に留まっている。特に理科は、「あまり」と「全く」を合わせて授業内容を理解できていない割合が 4 分の 1 強にも上っている。

　この違いは、一般的な教科の特徴と AICJ に固有な教育の特色の両方から説明できる。まず数学は、その専門用語、特に計算式は各国共通の記号で認識しやすいのに加え、生徒が理解できなかった場合のフォロー（わかりやすい英語での言い換えや日本語での説明など）が行き届いている。体育の場合も指導者が身体を動かしながら指示する場面が多いため、視覚的イメージがわきやすく、学習者にとっては理解しやすいようである。他教科

に比べ理科を理解できていない学習者がやや多いのは、専門用語の難解さに問題があるようだ。もちろん前述したように、AICJ 中学校の場合、語彙指導には多くの工夫がされているのは認めなくてはならないが、この学校はインターナショナルスクールとは異なり、帰国子女はごく一部で大半の学習者はせいぜい公立小学校の総合学習の時間に英語を少し学んだ程度であることを考慮に入れなくてはならない。英語を本格的に学び始めてまだ 7 ヶ月程度であるので、やはり理科の「生態系」や「音の性質」の抽象概念を英語で理解するのは困難なようであり、こういった部分に関する日本語での指導の割合の増加が、英語学習の初期段階である 1 年生では理解のためにも望まれる。

　また、体育と同じ実技教科である音楽は一見すると理解しやすそうに思えるが、ここには「教科横断的指導」という AICJ 中学校固有の問題が潜んでいる。音楽は国語や理科との教科横断的指導の部分が多くあり、後者では、Amplitude（振幅）や Wavelength（波長）といった物理用語の概念も英語で解説されている。多重知能理論からも教科横断的指導は、英語のコミュニケーション能力も含め学力を伸ばす有効な手段ではあるが、初期の段階から他教科の難解な概念を持ち込むことには課題もありそうである。しかしながら、一部の教科の語彙の問題があるものの、全般的な英語での授業の理解度は初年度にしては高く、AICJ での意味内容に焦点をお

表5　各教科に対する理解度　　　　　　　　　　　　　人数（139 人中の％）

	1. とても	2. まあまあ	3. ふつう	4. あまり	5. 全く
①数学	56（40.3）	60（43.2）	17（12.2）	6（4.3）	0（0）
②理科	10（7.2）	50（36.0）	43（30.9）	34（24.5）	2（1.4）
③音楽	10（7.2）	44（31.7）	62（44.6）	18（12.9）	5（3.6）
④保体	59（42.4）	58（41.7）	19（13.7）	3（2.2）	0（0）
⑤技家	30（21.6）	67（48.2）	40（28.8）	2（1.4）	0（0）
⑥英語	41（29.5）	72（51.8）	22（15.8）	4（2.9）	0（0）

く横断型英語指導は概ね評価してよかろう。

4.3.6.3 興味の視点

教科別の興味の視点（表6）で学習者の反応を考察してみると、理解度の視点とほぼ一致していることがわかる。「とても」と「まあまあ」の合計で興味の度合いを見た場合、数学71.2％、保体75.5％、英語79.1％がいずれも高いのに対し、理科43.9％と音楽27.4％は比較的低い。同じ合計で、技術家庭のみが理解度（69.8％）と興味（53.3％）に16.5％もの差があったが、理解度の高さは体育と同様に実技の部分が多いことから容易に説明できるし、興味の点でも詳細に見ると、「ふつう」が多く（39.6％）否定的意見は少ない（7.2％）ので、英語で教える技術家庭を多くの学習者が好きではないとも言い切れない。

表6　各教科に対する興味　　　　　　　　　　人数（139人中の％）

	1. とても	2. まあまあ	3. ふつう	4. あまり	5. 全く
①数学	57 (41.0)	42 (30.2)	22 (15.8)	15 (10.8)	3 (2.2)
②理科	25 (18.0)	36 (25.9)	33 (23.7)	33 (23.7)	12 (8.6)
③音楽	13 (9.4)	25 (18.0)	58 (41.7)	28 (20.1)	15 (10.8)
④保体	67 (48.2)	38 (27.3)	29 (20.9)	5 (3.6)	0 (0)
⑤技家	25 (18.0)	49 (35.3)	55 (39.6)	8 (5.8)	2 (1.4)
⑥英語	53 (38.1)	57 (41.0)	23 (16.5)	4 (2.9)	2 (1.4)

ここで問題なのは、やはり理科と音楽であろう。「あまり」と「全く」を合わせた「好きではない」という合計は、両者とも3割を超えている。当然のことながら、中学1年生の場合、「授業内容が理解できない」＝「授業が面白くない」に容易に繋がってしまう傾向にあり、我々がいろいろな教科内容を英語教育に導入する際に、日本語なら理解できるのに英語だから理解できなくなったということもあってはならないので、その導入の度

合いや適切な時期については慎重になる必要があろう。しかし、理科と音楽を除けば、AICJ の学習者は興味・関心を持って各教科内容を英語で学習しているのであり、その点は評価されるべきである。また、もう少し英語力の付いた時点ならば、理科や音楽に対する興味の度合いも急激に上昇する可能性はあると推測できる。

4.3.6.4 必要性の視点

科目別の必要性の視点（表7）は、必ずしも理解度や興味の視点とは連動はしていないようであり、いくつかこれまでとは違った傾向も指摘できる。まず、英語を使う重要性について、「とても」と「まあまあ」の合計では、いわゆる内容科目である数学 76.3％、理科 71.2％、英語 95.6％がいずれも高いのに対し、一般に実技科目と考えられる音楽 43.1％、保体 42.5％、技術家庭 43.1％はかなり低い。

表7　各教科に対する英語使用の必要性　　　　　人数（139人中の％）

	1. とても	2. まあまあ	3. ふつう	4. あまり	5. 全く
①数学	56 (40.3)	50 (36.0)	23 (16.5)	9 (6.5)	1 (0.7)
②理科	43 (30.9)	56 (40.3)	23 (16.5)	14 (10.1)	3 (2.2)
③音楽	23 (16.5)	37 (26.6)	42 (30.2)	25 (18.0)	12 (8.6)
④保体	24 (17.3)	35 (25.2)	55 (39.6)	22 (15.8)	3 (2.2)
⑤技家	23 (16.5)	37 (26.6)	56 (40.3)	21 (15.1)	2 (1.4)
⑥英語	126 (90.6)	7 (5.0)	6 (4.3)	0 (0)	0 (0)

この大きな開きは、ある科目を理解する際の言葉の重要性の違いからくるものであろう。内容科目では学習活動の様々な場面でコミュニケーション能力（この場合は英語）は欠かせないが、実技科目は動作などを通して比較的容易に理解し合えるため言葉の重要性はさほどでもない。アンケート結果で注目すべきなのは、理科が理解度や興味では低いものの必要性で

は高いことや、体育がその正反対であることなどであるが、これらの事実は、学習意欲や動機づけの違いというよりむしろ、科目の指導内容によるものであると思われる。それは、他教科の内容を英語教育へ導入するとすれば、科目によっては学習者の理解度の発達レベルに応じた内容を考慮する必要があることを示唆している。

　また、ここで特筆すべきは、英語で行われる英語の授業について、9割以上の学習者が「とても重要である」と答えている点である。公立の中学校で同じ調査が行われるなら、この割合はもっと低いだろうし、教室で100%英語を使用して英語の授業を行っている公立中学校は、まださほど多くはないと思われる。これに対し、AICJ中学校の学習者の英語使用に対する意識はとても高く、英語力向上のための英語使用の重要性という観点からも、この学校の英語教育から学ぶべき点はあろう。

4.3.6.5　英語で授業を受けるよい点

　英語で授業を受けることでの学習効果（表8）についての質問でも、アンケート結果はいくつかの興味深い傾向を示してくれる。まず、英語の4技能に関しては、「聞く」と「読む」の達成感が、「話す」と「書く」の達成感に比べ10%程度高く、両者に顕著な差が見られた。これは明らかに、インプット（聞く・読む）とアウトプット（話す・書く）の違いであり、習得順序は一般に前者が先で後者が後になるためと思われる。ただしAICJ中学校では、教科を超えてプレゼンテーションに力を入れているため、時期が経てば、アウトプットの達成感がインプットの達成感に追いついていくことが予想される。

　次に、学習者の最も多い約8割が「いろいろな単語がわかるようになった」をよい点に挙げていることは重要で、これが意味内容に焦点を当てる教科横断的指導を実施する最大の利点の1つであるといえる。なぜなら、文法重視の英語指導を行うなら、多様な分野の単語をこのような短期間に習得することは不可能だからである。さらには、英語に毎日接することで

の無意識的使用や、英語と他教科を組み合わせた効率よい学習（これもCLILなど教科横断的指導の利点と考えられるが）についても半数近い学習者の支持が得られた。反対に、「世界に関心が持てるようになった」が極端に少ないのは問題点といえよう。これは、中学1年の社会が英語では教えられていない事に起因する。英語とどの教科を組み合わせるかは、語彙等の要素もあり難しい問題ではあるが、社会を英語で教えるならば、外国の文化を英語で生のまま吸収でき、逆に日本の文化を英語で発信できるようになるといった効果もある。

その他の回答（17人が記入）としては、「英語でコミュニケーションできるようになった」（3人）や「英語が面白くなった」（2人）などがあった。

表8　英語で授業を受けるよい点　　　　　　　　人数（139人中の%）

1．英語が聞けるようになった	108（77.7）
2．英語が話せるようになった	90（64.7）
3．英語が読めるようになった	103（74.1）
4．英語が書けるようになった	91（65.5）
5．いろいろな単語がわかるようになった	110（79.1）
6．英語を自然に使えるようになった	63（45.3）
7．世界に関心が持てるようになった	24（17.3）
8．英語と他教科を一度に学べた	63（45.3）

4.3.6.6　英語で授業を受ける難しい点

英語で授業を受けることでの難しい点（表9）では、まず、指示言語に大きな差が見られた。3倍以上もの学習者が、日本人教師より外国人教師が話す英語の聞き取りが難しいと感じた。アメリカ英語でないと"訛り"に感じられることもあるが、主な原因は、外国人教師が、話すスピードや語彙の面であまり手加減をしないせいである。もちろんそれがナチュラルではあるが、日本人教師の方は生徒が理解できない場合、平易な表現で言

いかえをしてくれる。この違いは、発音などを度外視し英語をコミュニケーションの手段として捉えるならば、むしろ日本人教師による英語指導の方が理解の点で効果的ともいえる。

次に、同じ話す活動でも、3と4に2倍近い差が生じているのは、小グループ内ならインフォーマルな形で間違っていても通じればよいが、クラス全員の前だとフォーマルな形でより文法上正確に話そうという意識が働いてしまうためであろう。6の各教科の専門用語を英語で理解することについては、すでに述べた通りであるが、8割もの学習者が難しいと感じており、これは理科や音楽の理解度の低さと明らかに相関関係にある。7と8の4倍近くの違いは、学習者は英語でノートを写すような無意味に書くのは得意だが、意味を考えながら書いていくのは苦手であることを示している。

その他の回答（15人が記入）としては、「言葉が理解できない時に先生に聞けない」（2人）、「自分で考えて英語の文章を組み立てる」（2人）や「日本語で書くときによく漢字を忘れている」（2人）などがあった。

表9　英語で授業を受ける難しい点　　　　　　　　　　人数（139人中の％）

1．外国人の先生が話す英語の聞き取り	68（48.9）
2．日本人の先生が話す英語の聞き取り	20（14.4）
3．クラス全員の前での英語での発表	89（64.0）
4．グループ内の人との英語での話し合い	48（34.5）
5．英語で書かれた教材の理解	61（43.9）
6．各教科の専門用語を英語で理解	113（81.3）
7．英語でノートを書くこと	22（15.8）
8．課題に対し英語で考えていくこと	84（60.4）

4.3.6.7　小まとめ

本節は、日本人学習者のコミュニケーション能力向上のため、多重知能

を生かした教科横断的英語指導法の効果を見出すことを目的としたものである。そこで、AICJ中学校（広島）での授業観察や1学年全員を対象としたアンケート調査に基づき検討してきた。

　まずは、授業観察結果からは、英語学習を他教科の学習に関連付けることには数多くの利点があることが示された。それは、言語使用の機会や状況を増やすことで4技能の統合的なコミュニケーション能力育成が図れるばかりか、実生活の様々なオーセンティックな場面に触れることで学習内容への知的好奇心を刺激し、さらには将来のESPをも視野に入れた、幅広い用語や概念を自然に習得していくことが可能である。難解な専門用語の導入の仕方を英語の授業で工夫し、母語を軽視しないように留意していけば、意味を重視することでの言語学習の有用性や教科を組み合わせることでの時間的効率性という点から見ても、こういった教科横断型の英語指導を中学校の初級学習者に導入していくことは有効であると考えられる。

　また、一連の授業観察においては、個性を生かしながら学習者の持つ8つの知能を統合的に活用し、コミュニケーション能力の育成が図られていることが分かった。多重知能を効果的に活性化するためにも、いろいろなパターンの教科横断的指導モデルを導入していく必要がある。なぜなら、学力は教科それぞれが個別に伸びていくものではなく、有意味な関連付けや複雑な重なり合いによって相乗的に伸びていくものと考えられるからである。学習内容に対するより深い理解を目指す意味でも、英語教育に多様な知能を生かしながら複数の教科内容を組み合わせ、取り込んでいくことが重要であるといえる。

　次に、教科横断的英語教育の実際の効果について、アンケート調査での学習者の反応に基づき検討してみた。その結果わかったことは、理解度や興味の視点では、全般的には英語を使用した各教科に対する高い満足度を示す数値が得られたが、理科や音楽など一部の教科に対してはやや不満も見られた。不満の原因は、主に専門用語の難解さにあり、中学1年という段階を考慮するならば、抽象概念を教える際にはイメージしやすい形にし

たり日本語の指導の割合を増やしたりするなど、さらなる語彙指導の工夫が望まれる。各教科に対する英語使用の必要性の視点では、内容教科と実技教科との間で明確な違いが見られた。この相違は、学習者の発達段階を最も考慮して、英語と他教科の組み合わせを考える必要があることを我々に示唆してくれる。つまり最初の段階では、動作などを通して理解しやすい実技科目、後の段階で、言葉の役割が重要になり抽象概念も多く含む内容科目を導入していくことが理想であろう。ただし、英語と個々の他教科との組み合わせの効果については、今後の課題とする。

4.4 身体運動的知能を生かした英語指導法

4.4.1 多重知能理論の身体運動的知能

Asher（1977）のTPRは、最初の段階でリスニング、次にスピーキングへと言語技能の獲得が自然な順序で行われ、学習内容の理解が動作の手助けによって容易となり、身体を動かし楽しみながら言語を学ぶことができるなどの利点がある。しかし、命令文を多用するため、教師から生徒への一方的な指導法に陥りやすく、初級レベルの学習者はともかく、中・上級レベルの学習者への効果には疑問が残る。また、リスニングはともかく、スピーキングや、特にリーディングおよびライティングはどのような形で自然的・無意識的に習得していけるのか疑問が残る。

そこで、本研究では、Gardner（1999）の提唱した多重知能の1つ、「身体運動的知能」に焦点をあてる。多重知能の概要は2章ですでに触れているが、身体運動的知能で最も留意しなくてはならないのは、ただ単に無意味に体を動かしただけではこの知能を活性化することにはならない点である。身体運動的知能は、人間の脳の小脳、大脳基底核、運動野といった部位の働きと密接な関連にあるものであり、科学的にもその存在を証明されている知能の1つである。その意味で、脳の機能の一部としての身体運動的知能を呼び覚まし高めるには、何らかの目的を達成するために、例えば、

コミュニケーションをとったり、社会的に価値のある問題を解決・情報処理したり、何かを作り出したりするために体の全体や一部を有効に動かすことが必要とされるのである。

　身体運動的知能を具体的な教育活動（特に英語教育）に応用してみるなら、この知能は具体的な学習（体を動かす歌、踊り、ゲームなど）だけでなく、より抽象的な学習（社会問題を考えるロールプレイ、身体利用の問題解決など）にも適用可能である。また、身体運動的知能を活性化させるための様々な教材を利用しながら、リスニングのみにとどまらない、4技能全てを意識した統合的なコミュニケーション能力育成を目指す学習活動の導入が可能であると考える。

　最後に、Gardnerによる身体運動的知能の定義を引用しておこう。

　　「＜身体運動的知能＞は、問題を解決したり何かを作り出すために、体全体や身体部位（手や口など）を使う能力を伴う。明らかに、ダンサーや俳優、スポーツ選手などが、身体運動的知能を代表する。しかし、この種の知能は、工芸家や外科医、機材を扱う科学者、機械工、およびその他多くの技術方面の専門職にも重要である。」(1999；松村訳, 2001, p.59)

4.4.2　研究の方法
4.4.2.1　研究課題
　本研究は、中学校において、多重知能理論の身体運動的知能がコミュニケーション能力育成を目指す英語学習にいかに効果的であるかを明らかにすることを目的とする。

①コミュニケーション能力を高めることを目的とした身体運動的知能の活用は、様々な教科領域の中で、どのぐらい中学生の英語学習に対する興味・関心を引き出しているか？

②身体運動的知能を生かす学習諸活動の比較において、（学習者の感じる）

各活動の英語学習に対する効果の差異は認められるか？
③体育の教科内容を、中学校の英語学習へ部分的に取り込む際の利点や問題点とは何か？

4.4.2.2 調査対象者と調査方法

広島県内の私立 AICJ 中学校 2 年生全員（143 人）を対象に無記名式のアンケート調査を行った。ただし、2 名が欠席、1 名が無効回答のため実際の有効回収数は 140 枚とする。回答方法は、選択式と自由記述式を併用し、前者の分析は 4 点法を採用する。また、アンケートで設定されている学習活動の項目については、出来る限り現場で実際に授業観察を行っている（2006 年 4 月～2008 年 3 月）。

4.4.2.3 調査対象者の英語力レベル

入学時において、大半の生徒は初めて英語を学ぶか公立小学校の総合学習の時間に多少触れた程度であった。帰国子女は 3 名のみである。1 年生の授業では、公立中学校と同じように、A・B・C……の基礎から学習を開始している。

表10　AICJ 中学 2 年生の 2 年間の英語学習成果
―TOEIC IP テストにおける、AICJ 中学 2 年生 74 人の得点平均（2008 年 2 月 16 日受験）と全国の高校生・大学生の得点平均（2007 年 4 月～2008 年 3 月データ）の比較―

	リスニング	リーディング	合計点	AICJ との差
AICJ 中学 2 年生（74 人）	305.5	186.4	491.9	―
大学生（300,511 人）	245	186	431	－60.9
高校生（22,978 人）	236	152	388	－103.9
高校 3 年生（10,505 人）	236	158	394	－97.9

（http://www.aicj.ed.jp/toeic/index.html
と http://www.toeic.or.jp/toeic/pdf/data/DAA2007.pdf より作成）

入学して約2年が経過した時に、調査対象者の約半数（143人中74人）ではあるが、希望者のみがTOEIC IPテスト（団体用）を受験した。このテストの結果、AICJ中学2年生の合計点の平均は、大学生を60点、高校生を100点以上も上回った。とりわけ、リスニングについては、対象者の2年間の英語学習成果が著しく見られた（表10）。

4.4.2.4　調査対象校
　調査対象校の教育目標および指導法については、すでに述べている通りであるが、身体運動的知能に関わる指導法について補足しておこう。AICJ中学校の英語教育は、あらゆる教科の授業で手や体を使って考える課題を数多く提供しており、身体を活用するコミュニケーション活動も豊富に行われている。この点では多重知能理論の身体運動的知能にも当てはめることが可能であり興味深い。

4.4.3　調査結果と考察
4.4.3.1　アンケート調査
　日本の中学校では、伝統的に、高学年になればなるほど学習者は座って教師の話をただ聞くような受け身的で画一的な指導法が取り入れられる傾向にあった。しかしながら、すべての中学生がこういった学習の仕方を好んでいる訳でない。表11から、AICJ中学校の生徒の相当数は、自らが主体となって考えながら手や体を動かす、つまり脳の活性化をも伴った身体運動的知能を利用する英語学習に対し、体育だけでなく他の多くの教科において興味・関心を持っていることが分かった。「とても」と「まあまあ」を合わせた数値において、体育（84.3％）以外では、数学（67.9％）、理科（77.9％）、技術家庭（75.7％）、英語（70.7％）でこの学習法への興味・関心が高く、これらの科目では様々なやり方で身体を利用しながら、学習内容をより容易に習得させると同時に、コミュニケーション能力を高めることが意図されている。

例えば、理科においては学習内容に関係するものや模型を作ってみることにより、AICJ の生徒は自分自身の考えを英語で仲間に伝えやすくする工夫をすることが求められている。また、数学で計算問題を行う際には、学習者は自らの体や指を学習の道具として用いている。具体的に言うと、彼らは英語で数学の公式を発音しながら、同時に、体の特定の場所をたたいてみたり指を曲げてみたりするのである。さらには、様々な教科での多くの難しいタスクに取り組む時には、学習者はジェスチャーその他の身体表現を利用してお互いにコミュニケーションをとることが要求されている。ここで重要なのは、以上のような具体例が歌いながら体を動かすといったお遊戯のレベルにはとどまらない高度に認知的な身体表現活動に関わっている点である。こういった思考力を要する活動こそが、学習者の脳の活性化や知能の覚醒化により効果的に結びついていくのである。この AICJ の事例からは、コミュニケーション能力を育成する目的において、知的好奇心を刺激する形の教科横断的指導により身体運動的知能を高める必要性があることが示されている。

表11　各教科領域における、身体を利用する英語学習への興味・関心

N = 140（140人中の％）

	1. とても	2. まあまあ	3. あまり	4. 全く	平均	標準偏差
①数学	32 (22.9)	63 (45.0)	32 (22.9)	13 (9.3)	2.19	0.89
②理科	42 (30.0)	67 (47.9)	23 (16.4)	8 (5.7)	1.98	0.84
③音楽	18 (12.9)	50 (35.7)	43 (30.7)	29 (20.7)	2.59	0.96
④美術	21 (15.0)	48 (34.3)	43 (30.7)	28 (20.0)	2.56	0.98
⑤体育	61 (43.6)	57 (40.7)	12 (8.6)	10 (7.1)	1.79	0.88
⑥技術家庭	43 (30.7)	63 (45.0)	25 (17.9)	9 (6.4)	2.00	0.86
⑦英語	30 (21.4)	69 (49.3)	29 (20.7)	12 (8.6)	2.16	0.86

表12は、身体運動的知能を生かした諸活動の英語学習に対する効果に

ついて学習者がどう感じているかを示している。まず、小学校（特に低学年）で同様のアンケートをとれば高いと思われる、絵（27.2%）、歌（53.6%）、踊り（45.7%）といった比較的簡単な指示に基づき反応する活動の数値は、中学2年では知的発達段階も影響してか肯定的回答（「とても」と「まあまあ」の合計）において非常に低かった。教科別に見ると、美術（③）、体育（④）、技術家庭（⑥）、音楽（⑩）のような実技教科と直接に結び付く学習活動は、それほど英語学習の効果が高いとは思われなかった。反対に、数学や理科の内容教科で、考えながら体を使う学習活動の方が英語学習の効果はより高いと思われた。ちなみに授業観察をした結果、数学や理科の授業においては、指導者はコミュニケーション目的で学習者をしばしば小グループに分け、彼らに数多くのインタラクションの機会を提供していた。すなわち、グループ活動を通じて身体的表現も含むコミュニケーションをとることが頻繁に要求されているのである。ここから分かることは、絵や彫刻を創作したり踊ったりする活動よりも、グループ内でのコミュニケーションを必要とするような身体運動的知能を生かす活動の方が英語学習効果において高いと思われる点であるが、具体的授業例としては以下のようなものがある。

・グループで話し合って課題を決めるようなロールプレイ（騒音公害の寸劇など）（①）
・グループで協力しポスターや模型を作って考えるような学習（②）
・グループごとにテニスコートに出て面積を測るような教室外での体験学習（⑦）
・紙を使っていろいろな三角形に切り、ピタゴラスの定理を考えるような問題解決学習（⑫）

最後の2つの例について補足すると、面積の計算やピタゴラスの定理のような抽象的なことであっても、「体を使ったりものを作ったりする英語

学習活動」によって学習内容への理解がよりいっそう深まっていく点が重要である。ここでは筋道立てた思考力を要するという意味において、身体運動的知能のみならず論理・数学的知能の活性化も図られているといえる。

　この複数の知能の活用という視点から検討してみると、表12より分かることは、身体運動的知能のみを生かした活動というより、それに他のいろいろな知能を絡めた形の学習活動が英語学習には効果的だと思われるということである。例えば、プレゼンテーションは、グループでの発表準備

表12　身体運動的知能を生かした学習活動の英語学習に対する効果

N = 140（140人中の%）

	1．とても	2．まあまあ	3．あまり	4．全く	平均	偏差
①役割を決めた劇	48 (34.3)	66 (47.1)	21 (15.0)	5 (3.6)	1.88	0.79
②実際にものを作りながらの学習	32 (22.9)	65 (46.4)	33 (23.6)	10 (7.1)	2.15	0.86
③絵を描いたりや彫刻	6 (4.3)	32 (22.9)	73 (52.1)	29 (20.7)	2.89	0.77
④ダンスや体操しながらの学習	15 (10.7)	49 (35.0)	58 (41.4)	18 (12.9)	2.56	0.85
⑤理科の実験や観察	46 (32.9)	64 (45.7)	23 (16.4)	7 (5.0)	1.94	0.83
⑥技術家庭の調理実習	20 (14.3)	44 (31.4)	54 (38.6)	22 (15.7)	2.56	0.92
⑦教室外での体験学習	48 (34.3)	68 (48.6)	13 (9.3)	11 (7.9)	1.91	0.86
⑧身振り・手振り・図を使って説明	45 (32.1)	60 (42.9)	29 (20.7)	6 (4.3)	1.97	0.84
⑨体を動かすゲーム	33 (23.6)	63 (45.0)	32 (22.9)	12 (8.6)	2.16	0.89
⑩体でリズムをとりながらの歌	25 (17.9)	50 (35.7)	47 (33.6)	18 (12.9)	2.41	0.93
⑪プレゼンテーション	84 (60.0)	39 (27.9)	12 (8.6)	5 (3.6)	1.56	0.80
⑫体や道具を使う問題解決学習	30 (21.4)	55 (39.3)	42 (30.0)	13 (9.3)	2.27	0.90

やクラス全体の前での実際の発表において、ジェスチャーをしながら自己表現したりコミュニケーションをとったりする意味では身体運動的知能を用いているが、発表の筋立てを考える点では論理・数学的知能、相手を言葉で説得していく点では言語的知能、イメージを利用する点では視覚・空間的知能を活用している。つまり、プレゼンテーションは多様に存在する知能を活性化させる統合的学習活動なのである。

表13は「体育を英語で学習することの楽しさ」について聞いているものであるが、6割の学習者が肯定的な回答をしている。生徒の自由記述から見ていくと、楽しい理由としては、「体を動かしながら学習できるから」、「楽しみながら英語を自然に習得できるから」、「スポーツの単語はまあまあわかり、理解しやすいから」などが挙げられた。また、「スポーツをする時、コミュニケーションをとらなければいけないから」や「体育の方が、他の教科より英語でのコミュニケーションがとり易いから」といったコミュニケーションの重要性を楽しさの理由に挙げるものもいた。反対に楽しくない理由としては、スポーツのルールの説明が長く複雑なため分かりにくい事や、教師の話し方や話すスピードなどが指摘された。楽しいと感じる学習者の割合を増やすためには、体育の専門用語のフォローをしたりジェスチャーや具体例も交えて分かり易い説明をしたりするなど、語彙や指導者の問題を克服していくことが重要であるといえる。

表13　体育を英語で学習することの楽しさ　　　　N＝140(140人中の％)

	1．とても	2．まあまあ	3．あまり	4．全く	平均	偏差
全クラス	26（18.6）	58（41.4）	43（30.7）	13（9.3）	2.31	0.88

表14の「英語で行う体育の授業の英語学習に対する効果」については、否定的回答も45％あり、AICJ中学校の体育における英語教育の成果と課題が同時に浮き彫りにされた。表13との比較でみると、体育を英語で学習することへの興味・関心は高いものの、体育の授業内容で英語を効果的

に学べるかということになると、やや不満を持っている学習者も少なからずいるようである。

表14　英語で行う体育の授業の英語学習に対する効果　N = 140（140人中の%）

	1. とても	2. まあまあ	3. あまり	4. 全く	平均	偏差
全クラス	14（10.0）	63（45.0）	46（32.9）	17（12.1）	2.47	0.83

　表15の体育の授業で学べると思う英語の技能別では、「とても」と「まあまあ」の合計において、リスニング（92.1%）、スピーキング（68.6%）、語彙（60.7%）が多かった。それとは対照的に、リーディング（40.8%）、ライティング（34.3%）、文法（22.9%）は少なかった。ただし、後者も「とても」と「まあまあ」を合わせると2〜4割の学習者が英語学習への効果を指摘しているのは、後述の授業実践例においても見られるように、AICJ中学校の英語指導法の工夫に起因するところが大きいと考えられる。つまりAICJ中学校では、体育の授業でも英語の4技能を統合して教えることが目指されているのである。

表15　英語を使って体育を学習する時に学べる英語の技能

N = 140（140人中の%）

	1. とても	2. まあまあ	3. あまり	4. 全く	平均	偏差
①リスニング	73（52.1）	56（40.0）	6（4.3）	5（3.6）	1.59	0.74
②リーディング	11（7.9）	46（32.9）	59（42.1）	24（17.1）	2.69	0.85
③ライティング	13（9.3）	35（25.0）	67（47.9）	25（17.9）	2.74	0.86
④スピーキング	35（25.0）	61（43.6）	29（20.7）	15（10.7）	2.17	0.93
⑤文法	5（3.6）	27（19.3）	64（45.7）	44（31.4）	3.05	0.81
⑥単語や熟語	30（21.4）	55（39.3）	40（28.6）	15（10.7）	2.29	0.92

4.4.3.2 授業実践例

授業実践例として、体育の授業「バスケットボールの基本的動きの練習」（中2／2007-05-18）を検討してみよう。本授業を分析すると、2つ特徴的な点が挙げられる。第1の特徴は、多重知能や4技能の統合と関わる。本授業は体育の授業ではあるが、教室で行う他教科と同じような形で体育館にホワイトボードが置かれており、指導者はその日に行う練習がどんな内容でどういう意味を持っているのか、どういうスキルを育成するのかということを英語と図を用いて書いている。ここでは、視覚・空間的知能が生かされているといえよう。生徒はそれを見たうえで、先生からのレクチャーを受け、それらの内容を総合して頭で考え実際に動き、最後に練習内容の反省を英語で記入する。ここでは、身体運動的知能と内省的知能がそれぞれ生かされているのに加え、4技能の中の「書く」の活動も効果的に導入されているといえる。

第2の特徴は内容のオーセンティックさである。この授業は、ただ単に体を動かすことだけにとどまらず、行っている運動の意味や普段の自分の実生活などとの関連を考えながらオーセンティックに行われている。このことは、脳の効果的な活性化や日常生活と密接に結び付くコミュニケーション能力の育成にも繋がるのではなかろうか。

この実践例は単調なゲームや遊びとは異なり、知能を用い、学習者の知

（http://www.aicj.com/blog/2007/05/ より引用）

的好奇心を引き出すような有意味な内容であって、それはまさに「目で見て、耳で聞き、さらには頭で考えて動く体育」であるといえよう。

4.4.4 小まとめ

AICJ中学校での身体運動的知能に関するアンケート調査結果の分析からは、以下の3点が導き出される。

① 身体運動的知能は、体育のみならず様々な教科内容の中で強められていくべき性質のものである。つまり、理科や数学をはじめとするいろいろな教科において、手や体を使って考える作業を取り入れることは可能であり、それをグループ学習とも組み合わせることによってインタラクションの機会を増やしコミュニケーション能力を高めていくこともできる。また、様々な教科領域で身体運動的知能を活用する英語指導を教科横断的に実施することは、学習者の知的好奇心を幅広く刺激し、英語学習に対する興味・関心を大いに引き出していることも分かった。

② 中学2年生の発達段階において「手や体を使った学習」という場合、単純に教師の指示に従って身体を動かすのみのものや、小学校低学年では人気の高い「歌や踊りで楽しく」の活動が必ずしも好まれるわけではない。むしろ、より複雑な問題解決や情報処理を伴い、学習者の知的好奇心を刺激し、同時に高度なコミュニケーションも要求されるような形で、身体運動的知能を利用する学習活動を行う方が好まれる傾向にある。後者の方が、当然のことながら英語学習に対する効果も高いと考えられる。

③ 体育の教科内容を中学校の英語教育に取り込む利点としては、有意味な目的をもって体を動かしながら、オーセンティックな内容で理解しやすく、同時にコミュニケーション能力を高めていけるという利点がある。また、技能別には、リスニング、スピーキング、語彙においては英語の高い学習効果が期待できる。しかしながら、AICJの事例は「書く」を取り入れる一定の示唆を与えてはいるものの、その他の技能をいかに統

合的に教えていくかについては今後の課題といえる。

4.5 対人的知能を生かした英語指導法

4.5.1 協同学習について

　言語教育と密接に係わる協同学習については、Vygotsky（1978）が学習者自身の言語能力と他者から援助を受けた運用能力との隔たりを指す「発達の最近接領域」（Zone of Proximal Development）の概念を提唱している。これは、1人では到達できないレベルでもグループで助け合ってそれを可能にするという点で、協同学習の基盤ともなっている考えである。また、Long and Porter（1985）は、第二言語教室でグループによるインタラクティブな活動を含むことの効用を強調している。彼らの推計によれば、授業時間の半分ほどグループワークを取り入れると、伝統的な一斉方式の授業に比べ個人の言語練習量は5倍にも増えるとされている。さらに、Oxford（1997）は協同学習の利点として、内発的動機づけの促進、自尊心の高揚、思いやりのある利他的な関係の創造、不安や偏見の軽減などを挙げており、これら学習者の態度や情動に関係する全ての要素は言語学習にも好ましい影響を与えると考えられる。協同学習の定義としては、Johnson, Johnson and Smith（1998）が望ましい協同学習の本質として、5つの基本原則（①肯定的相互依存、②促進的相互交流、③個人と集団の責任、④集団作業スキルの発達、⑤グループの改善手続き）を挙げている。言い換えれば、①グループ全員が成功を喜びあって学習効果を最大限にし、②互いの目標達成への努力を支援・促進し、③各自が集団に貢献する責任を公平に分担し、④対人関係や小集団での社会的技能を養成し、⑤協同活動の評価および建設的意見の交換をしていくことが協同学習にとって重要な要素である。なお本研究では、広義に解釈する「グループ学習（ワーク・活動）」ということばに対し、「協同学習」は以上のような定義や利点をふまえて用いることとする。

4.5.2　多重知能理論の対人的知能

　Gardner（1993；1999）が提唱した多重知能理論においては、コミュニケーション能力、協同学習や教科横断的学習の3つの視点が複合的に含蓄されている。ただし前述の先行研究とは違い、Gardnerの場合は人間の脳の機能に着目し、個々人には複数の異なる知能が存在するという前提に立って、多様な個性や得意・不得意性、もっと言えば人間の持つ知能の強弱を重視している点が特徴的といえる。本研究が焦点を当てる8つの多重知能の1つである対人的知能について、その概要はすでに2章で述べたとおりであるが、本節ではそれをより詳細に検討していくこととする。

　Gardner（1999；松村訳，2001，p.59）によれば、対人的知能は「他人の意図や動機づけ、欲求を理解して、その結果、他人と上手くやっていく能力である」と定義づけされている。この定義の対人的知能が存在する根拠として、Gardnerは2つの見地から説明を加えている。第1は脳科学的根拠で、Gardnerは、前頭葉が対人的知識に重要な影響を及ぼすことを示唆している。これは、前頭葉への損傷が他の問題解決能力には影響を与えず、人格だけをひどく変えることからも証明されよう。より具体的に言うと、脳の前部に関わるピック病を発症した場合は、社会的な対人関係に急激なダメージが生ずる。それに対し、脳の後部に関わるアルツハイマー病の場合は、空間・論理・言語の能力が損なわれるが社会的には適応できるのである。第2は生物学的根拠で、Gardnerは、人間の霊長類としての子供時代の長さが対人的知能の発達と深い関係にあるとしている。これは、発達の初期段階で母親から引き離されると、正常な人間関係が危うくなることからも推察されよう。同時に、Gardnerは、人間における社会的相互作用の重要性も指摘している。つまり、先史の狩猟の時代より多人数の参加と協力が必要とされ、集団の結束、リーダーシップ、組織、一致団結が自然に生まれてきたことから、人間には対人的知能が存在すると考えるのである。

　対人的知能が実際の場面で機能した例として、Gardnerはヘレン・ケ

ラーとアン・サリバンの物語を引用している。最初は、朝食を手で取って食べるなどしていたヘレンであったが、教育係アンは、この朝食をめぐる問題をゆっくり解決してヘレンの心を徐々に開いていった。そして最終的には、アンに「2週間前は粗暴だった小さな生き物は、やさしい子どもに変わったのです」と言わせるに至ったのである。ここで重要なのは、アンが他者の意図や希望を読み取る対人的知能の活用をし、ヘレンの奇跡的な言語獲得を促進していった点であろう。

　以上、対人的知能が存在するという前提のもとに、多重知能理論（特に対人的知能）と上記の3つの視点（コミュニケーション能力・協同学習・教科横断的学習）の関係を検討してみよう。第1に、話し・書き言葉を介する言語的知能、ジェスチャー等を用いる身体運動的知能と同様に、対人的知能は、他人の気分・感情・動機・意思などを理解した上で他人と上手にコミュニケーションできる能力であるという点で、コミュニケーション能力に深い関わりがある。第2に、Gardnerの言う対人的知能を活用したグループ学習とは、単に人が集まって良好な関係で学習するレベルにはとどまらない。それは、脳の高度な働きとも関わる知能の一種として、他人との相互作用を通して情報処理や問題解決していける能力をも指している点が重要である。すなわち、対人的知能は明確な達成目標とそのための建設的な意見交換を必要としている意味で、Johnson, Johnson, and Smith (1998) の定義する協同学習の概念とも大いに符合する。対人的知能を生かした英語活動例としては、日本では林（2006a）が、グループ・プロジェクトの課題、文法や意味理解など仲間同士の教えあい、グループ・ワークによる問題解決のためのディベートなどを挙げている。第3に、多重知能理論の8つの知能は全て、学習者の得意な科目を生かす形での学習を可能にするが（論理・数学的知能は数学、身体運動的知能は体育、博物的知能は理科など）、対人的知能もまた教科横断的な内容を前提としている。アメリカでは、Armstrong (2000) が対人的知能を生かした小・中学校レベルでの実践例として、「1人1人が数字や関数となり、協力して「数式」の人間プラモ

デルを作ること」や「他の人たちと協力して教室をジャングルや熱帯林のように装飾し、そこで実際の体験や振り返りを通じて理解を深めるシュミレーションすること」などを提案している。これらのオーセンティックな教材を用いる教科横断的協同学習は、実生活の各場面におけるコミュニケーション能力を育成する意味でも重要といえよう。

4.5.3 研究の方法
4.5.3.1 研究課題
　本研究では、コミュニケーション能力・協同学習・教科横断的指導に関する先行研究を踏まえ、特に多重知能理論の対人的知能の視点から、以下の4つの研究課題を設定した。

①中学校におけるグループ学習に対する興味や（学習者の感じる）英語学習効果は、教科や活動内容によってどのような差異が見られるか。

②学習者は、多様なグループ学習を通して、4技能を統合的に習得できたと考えているか。

③英語の授業実践例においては、どのような形で4技能の統合的習得が図られているか。

④対人的知能を活用したグループ学習は、中学生のコミュニケーションや英語使用への積極的態度に結びついているか。

4.5.3.2 調査対象者と調査方法
　広島県内の私立AICJ中学校2年生4クラス全員の134人を対象にして、彼らの2年間の英語学習終了時にあたる2009年3月に、無記名式のアンケート調査を実施した。ただし、13名は欠席または無効回答のため実際の有効回収数は121枚となった。アンケートの回答方法は、選択式と自由記述式を併用し、前者は「1. とても」「2. まあまあ」（肯定的回答）および「3. あまり」「4. 全く」（否定的回答）による4点法を採用し、パーセンテージと平均値による分析を行う。4点法の平均値では、数値が1に近くなる

ほど例えば「関心度が高い」と解釈することとする。また、多かれ少なかれ、対人的知能に関わる18項目のグループ英語学習活動は、Kagan and Kagan（1998），Armstrong（2000），Christison（2005），および林（2006a）を参照して作成した。なお、これらのアンケートで設定している学習活動の項目については、2007年4月から2009年3月までの間、出来る限り現場で実際に授業観察を行っている。

4.5.3.3　調査対象者の英語力レベル

入学時において、AICJ中学校の大半の生徒は、初めて英語を学ぶか公立小の総合学習の時間に多少触れた程度で、帰国子女は数名のみである。前述の通り、1年生の英語の授業は、A・B・Cの基礎から学習を開始している。それに対し、1年数か月から2年経過時においては、表16で示す通り英検の結果で著しい英語学習効果が見られた。中学卒業程度の3級は、入学以来1年余りで9割近くの生徒が取得しており、高校中級程度の

表16　実用英語技能検定における、在籍134人（2007年4月入学）中の累積合格者数

		2008年度第1回（2008年7月）		2008年度第2回（2008年11月）		2008年度第3回（2009年3月）	
級	レベル	合格数	取得率	合格数	取得率	合格数	取得率
3級	中学卒業程度	117	87%	126	94%	126	94%
準2級	高校中級程度	27	20%	106	79%	125	93%
2級	高校卒業程度	1	1%	7	5%	27	20%
準1級	大学中級程度	0	0%	0	0%	1	1%

（AICJ（2008）.「AICJ英検実績」http://www.aicj.ed.jp/ より作成）

第 4 章　中学校英語教育

準 2 級は、2 年目の約半年の間に 7 割以上の生徒が新たに取得している。この英検取得率の高さは、AICJ 中学 2 年生が 2 年間で効果的に 4 技能獲得ができた、ある程度の証拠となるのではなかろうか。

4.5.3.4　AICJ 中学校の教育目標および指導法

　わずか 2 年間で、学習者がこのように顕著な英語力の伸びを示すことができたのは、AICJ の教育目標や指導法に起因しているところが大きいようである。まず、全体の教育目標として AICJ（2006, p.4）は、「コミュニケーションの手段としての英語を身につけ、それを自在に駆使できる子どもたちを育成する」ことを掲げ、この高度なコミュニケーション能力は、数学や理科、体育、音楽といった教科も英語で教える、部分イマージョン教育を通じて育成すべきことを明記している。特に AICJ では、各教科で現実生活との接点を考えながら、実際の使用を重視して英語その他の能力向上を目指している点が特徴的である。具体的な指導体制としては、1 クラス 30 数名の大半の授業に日本人講師と外国人講師によるティーム・ティーチング方式を採用しており、教材は、教科書に加えてプリント等の副教材も多く使用している。

　発信型のコミュニケーション能力を養成する手段として、AICJ（2006, p.4）は、「英語によるディベートの授業、パワーポイントを駆使した英語による課題発表など、日常的に自分の意見をまとめ、それを相手にわかりやすく、論理的に伝えることを授業に取り入れています」と述べている。生徒は、各学習に関して「口頭」でも「文章」でも考えを述べていくことが求められるのであり、例えば理科の授業であれば、授業で得た知識などを応用させ、実験の考察、英語によるプレゼンテーションを行うなど、自ら学び考える力に重点が置かれている。コミュニケーション能力育成を重視する英語指導に加え、AICJ の指導法のもう一つの大きな特徴は、「生徒主導型」である。つまり、授業では生徒を小さなグループや大きなグループに分けて課題に取り組む活動（Group Work）が広く行われている。

以上のように、AICJ中学校は、あらゆる教科の授業で、グループによるプレゼンテーションを軸とする発信型の英語教育を実践している。これは、グループ内の個々のメンバーが長期間にわたって共通の達成目標を持ち、準備段階では生徒自らが主体となって役割分担し、互いに支援しあいながら問題解決して課題の作成を目指し、最終的には互いのグループの発表について意見を交換する評価の活動をも行うことを意味する。この点では、AICJ のプレゼンテーション活動は、多重知能理論の対人的知能を生かした協同学習の考えにも当てはめることが可能であり大変興味深い。

4.5.4　結果と考察
4.5.4.1　アンケート調査

まず、「英語を使って行うグループ学習の楽しさ」についての項目では、調査対象者121人中25人が「とても」、77人が「まあまあ」を選択し、中学2年の全生徒の85％がプレゼンテーションをはじめとする協同学習に楽しさを見出していることが分かった。

グループ学習活動への内容別の興味（表17）では、「インタビューをする」（活動17）を除き、全ての項目において肯定的回答が否定的回答を上回っており、生徒たちの英語で行うグループ学習活動に対する興味は総体的に強いといえる。各群別には、AICJの教科学習の柱でもあり対人的知能とも関わりの深い、A群のプレゼンテーションに関連する活動について考察すると、課題発表準備のための「調べる」（活動1）、「読む」（活動2）、「聞く」（活動3）、「書く」（活動6）のグループワークを好んで行っている学習者は、全体の約70〜85％を占めた。その一方で、「話す」の項目では、学習者が一様に好んでいるわけではないという結果が見られた。つまり、「話す」の中では、「ペアで」（活動5）は肯定的な意見が80％を占めたが、「グループで自分の意見を伝える」（活動4）、「クラスの前でグループのプレゼンテーションをする」（活動7）には、「あまり／全く好きではない」とする否定的意見も35〜40％程度見られた。同じ「話す」の活動でも、

ペアに比べてグループやクラス全体のように人数が増えてくると緊張感からか、話すのを躊躇してしまうのは日本人全体の課題といえよう。

同様に、対人的知能と密接に関連するB群の教科横断的なグループ活動については、平均値で分析する限り、「理科の実験・観察」(活動10)と「技術家庭の調理実習」(活動11)で最も高い関心が示され、次いで体育の内容である「チームでのスポーツ戦術の話し合い」(活動8)も関心度が比較的高かった。これらは、公立中学校の英語の授業に、CLIL的な教科横断型のグループ活動を一部取り入れる際にも有益な指標となり得るであろう。

C群の「ゲーム」や「歌」のグループ活動は、A・B群ほどに対人的知能が意味する相互作用の中で脳を機能させる活動とまでは必ずしもいえない、遊びで楽しい要素が強いが、ゲームを好む学習者が非常に多い一方で、歌については否定的回答をした学習者も40％程いた。小学生に比べると

表17 英語で教える科目におけるグループ学習活動への興味

(N=121／121人中の％)

活動群	グループ学習活動	1		2		3		4		平均
		N	%	N	%	N	%	N	%	
＜A群＞プレゼンテーション関連の活動	(1) テーマについて協力して調べる	27	22	75	62	16	13	3	2	1.96
	(2) 本やインターネットの資料を読む	28	23	64	53	25	21	4	3	2.04
	(3) グループの他の人の意見を聞く	22	18	79	65	18	15	2	2	2.00
	(4) 自分の意見をグループの人たちに伝える	17	14	56	46	42	35	6	5	2.31
	(5) ペアで話し合う	30	25	67	55	23	19	1	1	1.96
	(6) グループで協力して文章を書く	22	18	65	54	31	26	3	2	2.12
	(7) グループでプレゼンテーションをする	22	18	55	45	37	31	7	6	2.24

<B群>教科横断的な活動	(8) チームでスポーツの戦術を考える	39	32	48	40	29	24	5	4	2.00
	(9) 模型や作品を作る	33	27	43	36	32	26	13	11	2.21
	(10) 理科の実験や観察をする	49	40	54	45	13	11	5	4	1.79
	(11) 技術家庭の調理実習をする	54	45	44	36	13	11	10	8	1.83
<C群>歌とゲーム	(12) グループで歌を歌う	25	21	47	39	35	29	14	12	2.31
	(13) グループでゲームをする	62	51	51	42	8	7	0	0	1.55
<D群>その他のグループ活動	(14) 課題に対し、問題解決の方法を考える	16	13	66	55	36	30	3	2	2.21
	(15) 文法や意味の理解できないことを教えあう	29	24	71	59	19	16	2	2	1.95
	(16) 役割分担してロールプレイをする	14	12	74	61	30	25	3	2	2.18
	(17) 英語でインタビューをする	16	13	40	33	51	42	14	12	2.52
	(18) 英語とデザインでポスターを作成する	26	21	51	42	33	27	11	9	2.24

(1. とても好きである　2. まあまあ好きである　3. あまり好きではない　4. 全く好きではない)

歌に対する好き嫌いが顕著となり、中学2年生では歌を利用するグループ英語活動が必ずしも効果的ではないことが推察される。

　D群のその他は、「知的好奇心を刺激する問題解決型」（活動14）、「仲間同士での教え合い」（活動15）、「ロールプレイ」（活動16）で肯定的回答が全体の3分の2以上を占めている。

　教科領域別でのグループ活動の英語学習効果（表18）は、全ての教科において肯定的評価が否定的評価を上回っているものの、中でも英語学習効果が強く感じられた教科は理科と英語（AICJではCLILのような教科横断的内容を多く含む）であった。その一方で、数学や体育においては、英語学習効果が低いと感じる学習者が多く見られた。この差異には、理科では実

験や観察を通してグループでのインタラクションの機会が多く、より高度な専門用語も使いこなすことが要求されるのに対し、数学では万国共通の数式を使うため、体育では動作による活動が多いため、両教科では比較的容易にコミュニケーションがとれることに原因があると考えられる。とりわけ、体育に関しては、学習者の興味と英語学習効果に差が見られるのが注目に値する。

表18　教科別の、英語を使うグループ学習活動の英語学習効果

(121人中の%)

	1. とても英語の勉強になる	2. まあまあ英語の勉強になる	3. あまり英語の勉強にならない	4. 全く英語の勉強にならない	平均
(1) 数学	12	53	26	9	2.33
(2) 理科	34	55	7	3	1.80
(3) 技術家庭	13	49	28	10	2.35
(4) 体育	12	44	35	9	2.40
(5) 音楽	17	55	24	5	2.17
(6) 美術	20	54	18	8	2.15
(7) 英語	67	27	4	2	1.40

　技能別（表19）では、協同学習によってリスニングを習得できたとする者が最も多かったが（90%）、80%前後の学習者は「スピーキング」「リーディング」「ライティング」も習得できたと自己評価しており、前述の英検の結果からも（表16）、4技能がバランスよく統合的に向上しているといえる。これには、AICJのコミュニケーションに対する指導法が影響し、各教科の授業に「聞く」「話す」だけでなく、「読む」「書く」のプレゼンテーション関連活動や教科横断的な活動、すなわち、対人的知能を生かすグループワークが数多く盛り込まれている点が大きい。

表 19　英語でのグループ学習を通して身についた英語の技能

(121 人中の %)

	1. とてもできるようになった	2. まあまあできるようになった	3. あまりできるようになってない	4. 全くできるようになってない	平均
(1) リスニング	35	55	9	2	1.78
(2) スピーキング	21	57	20	2	2.02
(3) リーディング	18	60	21	2	2.06
(4) ライティング	17	62	20	1	2.04
(5) 文法	17	55	26	2	2.12
(6) 単語や熟語	18	57	22	2	2.09

「英語でのグループ学習を通して積極的にコミュニケーションをとるようになりましたか」の項目では74％の学習者が肯定的回答をしており、概ね、AICJのプレゼンテーションを中心とする対人的知能を利用したグループ学習は、英語コミュニケーションへの積極的態度に結びついている。一方で、「英語でグループ学習するとき、あなたは英語をよく使いますか」の項目では、肯定的回答は57％にとどまり、グループ内で実際には英語使用をあまりしていない生徒が少なからずいるのは課題といえよう。

最後に自由記述では、グループ学習の良い点として、「他人と協力することの大切さ」「教え合いの必要性」「コミュニケーション能力の向上」「英語を使う機会の多さ」「いろいろな教科で使う単語力の増強」「学ぶ楽しさ」「他人からの刺激」「意見を英語で伝える良い訓練」などを挙げる学習者が数多くいる反面、難しい点として「グループで他の人と意見が合わなかった」「間違ったら嫌だとか恥ずかしいとか考えてしまって、堂々と英語が話せないときがあった」「ボキャブラリーが少ないと、話し合うことが続かない」といったことを指摘する声もあった。

4.5.4.2　授業実践例

授業観察の結果、AICJの対人的知能を活用する英語の授業としては、

グループで人口問題を話し合って解決策を考えること（社会の内容）や、日常生活での音をテーマに音の原因・効果・制御について考え、4〜5人のグループで協力して英語のポスターを作成すること（理科の内容）、テニスコートで白線の面積を実際に測定しながら、環境にやさしい最小限の白ペンキ量にする方法を考えるグループ活動（数学の内容）などがあった。例えば、音に関するポスターを英語で作成する理科の内容の指導例では、各グループ内で、アイディアをよく出す人、ディスカッションをスムーズに進行する人、人の話を正確に書き留める人、色ペンを使って視覚効果を上手に出す人などに分担がなされた。多重知能理論の観点で言えば、それは順番に論理・数学的知能、対人的知能、言語的知能、視覚・空間的知能への分担である。ここでは学習者が各々の強い知能を生かし、その得意な知能をますます伸ばしていることに加え、弱い知能もお互いで補い合うような形で高めあっていくことを意図した効果的な協同学習が行われているといえる。すなわち、対人的知能を生かした協同学習で役割分担することにより、知能の強弱を互いに補完できる英語指導法がとられているのである。

　もう1つの例として、教科横断的に社会の内容を利用した英語の授業「仮想の国」（AICJ, 2007）を検討してみよう。このCLIL的授業では、第1に、自分が行ってみたいと思う想像上の国をペアで協力し、話し合いながら考えた（「聞く」「話す」）。仮想国を作る際に話し合うべきテーマとは、社会の学習内容とも密接に関わる、首都、人口、地理的特徴、天候、文化、宗教、歴史、食べ物、娯楽、スポーツ等である。第2には、話し合った各項目について文章の作成が要求され、文法や単語の分からない場合は互いに支援・教え合いをする協同活動が行われた（「書く」）。第3には、作成した文章を基にグループごとのプレゼンテーションが行われ、同時に発表について質問や意見を述べあった（「話す」）。そして最後には、仮想の国の広報担当者・旅行会社として旅行者に対するパンフレットを作成し、皆で回して読み合い評価した（「読む」）。一連の授業で重要なのは、4技能の

統合的習得に基づくコミュニケーション能力の育成が図られている点である。もう1つは、教科横断的な協同学習の要素を多く含み、他人との相互作用の中で問題解決や思考活動を行うなど、対人的知能を活性化している点である。ここには、AICJ の授業実践例と Gardner の多重知能理論との密接な関連性が見られる。ちなみに、本授業が「言語」「内容」「思考」「協学」を内包している点では CLIL 的でもある。

4.5.5　小まとめ

　以上の研究結果、①グループ学習への興味や学習者の意識する英語学習効果は全般的には高いものの、前者では「話す」を主体とするグループ活動へは否定的意見も多く見られ、後者では理科・英語と数学・体育との間にはやや差があったこと、②プレゼンテーションなど多様なグループ活動を通して、学習者はリスニングをはじめ4技能を統合的に習得できたと感じ、それは英検の客観的データによってもある程度証明されたこと、③教科横断的に社会の内容を取り入れた AICJ の授業実践では、グループによる協同活動に基礎を置いた4技能の統合的習得が工夫されていること、④対人的知能を活用したグループ学習は、コミュニケーションへの積極的態度に結びついているが、英語使用の面では課題があることの4点が示された。

　しかしながら、他人との相互作用により学習効果が高まる者がいる一方で、全ての学習者が、グループ学習中心の対人的知能を得意とするわけではない。今後の課題として、個別学習を軸とする多重知能理論の内省的知能とも併用した英語指導を検討する必要性もある。

4.6　英語使用と学習者の動機づけ
　　　―イマージョン校と公立中学校の比較検証―

4.6.1　現状と視角

　現在の日本の中学校英語教育の問題点は、多くの人が3年間英語を学ん

でも「実践的に使える英語」がなかなか身につかないことにある。この原因としては、第1に、文部科学省がコミュニケーション能力育成の目標を掲げながらも、事実上、英語は受験のために言語知識を与えることに重点が置かれすぎ、授業での言語使用という観点からすると質・量ともに不十分であることが挙げられる。第2には、従来からの一斉授業や筆記テストによる評価を主体とするような画一的な指導法では、中学校の初級学習者の英語に対する動機づけを必ずしも高めてはいないことと深く関わる。

そこで本節は、英語使用を重視した、多様な知能や個性を活用する指導法が、英語学習に対する学習者の動機づけにいかなる影響を及ぼすかについて考察することを目的とする。同時に、英語を手段として捉え、教科の枠組みを超えて意味内容に焦点を当てる教科横断型英語指導法が、英語学習の動機づけをいかに高めるかを明らかにしていく。英語学習において各学習者の得意分野を生かす工夫は、コミュニケーション能力の育成、ひいては英語力の向上にも繋がっていくことになると思われる。

4.6.2　動機づけと多重知能理論について

従来から動機づけをテーマとした研究の多くは、Gardner and Lambert (1972) の「統合的動機づけと道具的動機づけ」や Deci (1975) の「内的動機づけと外的動機づけ」のように、2分法の枠組み内で論じられることが多かった。しかし、こういった分類に基づく議論のみでは、受験英語の役割の大きさや英語使用の機会の少なさといった日本固有の状況下で、日本人学習者の動機づけを十分には説明できない。また、Skehan (1989) や Yamashiro and McLaughlin (2001) らをはじめ多くの研究者が、動機づけと習熟度の相関関係を明らかにしてきた。しかしながら、特に中学校の場合、習熟度、ましてや言語能力のみを測るような学校のテスト結果だけが、英語学習に対する動機づけに大きな影響を及ぼしうるとは考えられない。

本節では、「英語の授業に対する理解や興味」、「コミュニケーション」

や「英語使用度」を主要な要素に動機づけの問題を論ずるため、Gardnerの多重知能理論の視点から検討していきたい。この多重知能理論は、動機づけとも重要な関連性があると思われる。なぜなら、例えば体育の得意な学習者には、身体運動的知能を利用しジェスチャーやロールプレイの活動を行えば、英語の授業はよりいっそう理解しやすく動機づけも自ずと高まっていくであろうからである。

　また、この多重知能理論は、文部科学省の掲げる「コミュニケーション能力の育成」と符合する形で、日本の中学校英語教育に応用することが可能である。すなわち、言葉や身体、イメージを利用したり（言語的、身体運動的、視覚・空間的知能）、論理性や相手の気持ちの理解に焦点を当てたりしながら（論理・数学的、対人的知能）、コミュニケーション能力の向上を図ることができる。

　さらには、多様な知能を生かすということは、英語の授業で英語の使用場面を増やしていくこととも密接に関連する。前述の通り、英語使用がコミュニケーション能力を高めることに重要な役割を果たすことは言うまでもないが、例えば、従来の言語的知能のみに頼らず、非言語的な身体を活用したり、リズム、数字の操作、視覚情報、自然の動植物の利用など様々なタイプの活動を統合的に取り入れたりしていけば、英語を使わなくてはならない場面が飛躍的に増加することであろう。すなわち、8つの知能を全部生かす工夫をすれば、実生活で求められる様々な科目領域での英語使用が必要不可欠となり、将来、国際社会を多様な方法で生きていく力の基礎を中学校の段階から身につけさせることが可能となるのである。

4.6.3　研究の概要

4.6.3.1　仮説

　本研究では、「英語の授業がよくわかって、英語に興味を持ち、英語使用度が高く、多様な知能が生かされれば生かされるほど、動機づけも高まり、コミュニケーション能力をはじめとする英語力を効果的に伸ばすこと

ができる」という仮説を設定した。中学校英語教育において、多重知能を生かした指導を含めて考えれば、英語学習に対する動機づけの高さの要因は以下の３つが考えられる。
① 英語の授業に対する理解度や関心度が高い。
② 教室での英語の授業における英語使用度が高い。
③ 英語の指導法は多様な知能を生かすような工夫がなされている。

4.6.3.2 研究の方法と目的
　広島県内の中学校１年生を対象とした、英語の授業を100％英語で行う私立Ａ中学校（139人；内３名は帰国子女）と30〜50％程度を英語で行う一般的な公立Ｙ中学校（170人）でアンケート調査を実施し、両者の比較検討を通して英語理解度・関心度・使用度と動機づけの関連性を考察する。両アンケートの選択式の分析は５点法を採用し、可能な限りの比較を行う。加えて、公立Ｙ中学校には、教師用アンケートも同時に実施し、英語の授業における英語の使用状況や場面を具体的に明らかにする。そして、私立Ａ中学校では、英語科および英語で行われる他教科の授業観察を参考に、高い動機づけに結び付く要因を多重知能理論の側面から具体的に探る。

4.6.3.3 調査対象者
　Ｙ中学校は、広島県の中では平均的なレベルの公立中学校であり、対象者の全体的な学力レベルも平均的である。それに対し、Ａ中学校は私立中学校であり広島県の上位に位置する学校なので、対象者の学力レベルはＹ中学校よりもやや高い。しかしながら、英語に限って見るならば、両校とも帰国子女はほとんどおらず、せいぜい公立小学校の総合学習で英語を学んだ程度であるから、入学時の英語力にはそれほど差がないと思われる。なお、本調査はＡ中学校では入学後約７か月が経過した時点、Ｙ中学校では入学後約11か月が経過した時点で行われた。

4.6.3.4　学校の教育目標と指導法

　まず教育目標では、公立Y中学校は中学校の新学習指導要領（2002年4月施行）を引用する。

　　「外国語を通じて、言語や文化に対する理解を深め、積極的にコミュニケーションを図ろうとする態度の育成を図り、聞くことや話すことなどの実践的コミュニケーション能力の基礎を養う。」

　それに対し、私立A中学校の入学案内（2006）は以下のように述べている。

　　「英語は、今日のグローバル社会の「共通語」であり、コミュニケーションの手段です。コミュニケーションの手段としての英語を身につけ、それを自在に駆使できる子どもたちを育成するために、私立A中学校（＊引用中では実名）では、国語・社会以外の教科指導に積極的に英語を導入します。」

　次に指導法では、公立Y中学校は通常のクラスを2つに分け（習熟度別ではない）、1クラス20名弱の少人数による指導体制をとり、月に1～2度、外国人講師が指導に加わる。授業では教科書の音読練習を重視し、自主学習ノートを用いて家庭学習の充実も図っている。それに対し、私立A中学校は1クラス30名弱で、日本人講師と外国人講師のティーム・ティーチングによる指導体制をとり、教科書に加え、プリント等の副教材も多く用いている。A中学校の英語教育は、多重知能理論に基づく指導法ではないが、学習活動のいくつかは多重知能理論にも当てはめることが可能な部分もあり興味深い。具体的には、言語的知能（ディベートの授業／口頭や文章で考えを述べること）、視覚・空間的知能（パワーポイントを駆使した課題発表）、論理・数学的知能（自分の意見を相手に論理的に伝えること）、内省的知能（コミュニケーションのため自分の学習を省みたり表現したりすること）、対人的知能（他人の意見やその特徴、細かいニュアンスなどを

理解すること)など多様な知能を活用した、コミュニケーション能力の養成に力を入れた英語指導が行われている。

4.6.4 研究の結果と考察
　　　―アンケート調査の比較分析と授業観察を通して―
4.6.4.1 英語の授業内容に対する理解度と関心度の視点

　表20の理解度に関し、「とても」と「まあまあ」の合計で見た場合、A中(81.3%)とY中(65.3%)の間には大きな差(16%)があった。この差の背景として、A中の場合は知識の暗記ではなく、学んだことを応用・実践・体験することに重点が置かれている点に注目すべきである。多重知能理論に基づくと、このような方法でより深い理解を目指す外国語指導を行うことによって、動機づけは高められていくとされる。

表20　英語の授業の理解

	私立A中学校		公立Y中学校	
	N (139)	% (100)	N (170)	% (100)
1. とても理解できる	41	29.5	40	23.5
2. まあまあ理解できる	72	51.8	71	41.8
3. ふつう	22	15.8	34	20.0
4. あまり理解できない	4	2.9	20	11.8
5. 全く理解できない	0	0	5	2.9
平均	1.92		2.29	
標準偏差	0.75		1.05	

　表21の関心度についても、「とても」と「まあまあ」の合計で、A中(79.1%)とY中(59.4%)の間には顕著な差(19.7%)が見られた。「英語が好きである」は英語学習の動機づけを高める要因の1つであることは疑いないが、多重知能理論では、特に「トピックに対する興味」が動機づけに重要な役割を果たすとされる。A中の場合は生活に密接に結び付いた本物の言語環境(野外活動・パソコン画像・アニメ・音楽・身体を活用した活動

など）を豊富に提供しており、これが8つの知能を高めるばかりか題材への興味を持続する効果をもたらしている。

表21　英語の授業への興味

	私立A中学校		公立Y中学校	
	N (139)	% (100)	N (170)	% (100)
1. とても好きである	53	38.1	39	22.9
2. まあまあ好きである	57	41.0	62	36.5
3. ふつう	23	16.5	34	20.0
4. あまり好きではない	4	2.9	24	14.1
5. 全く好きではない	2	1.4	11	6.5
平均	1.88		2.45	
標準偏差	0.89		1.18	

　一方、自由記述の結果から「Y中で英語の授業が好きな理由」を分析すると、全58人中回答数が多かったのは、「授業が楽しいから」（21人）、「授業が理解できるから」（9人）と「英語の4技能や発音・単語の学習が好きだから」（9人）であった。とりわけ、多重知能理論の視点から興味深いのはこの上位3つに続く、「歌で学習できるから」（6人）と「ゲーム形式でできるから」（4人）である。歌やゲームが中学1年生の発達段階に合っているかどうかはやや疑問だが、前者は「音楽的知能」、後者では「身体運動的知能」や「視覚・空間的知能」を生かし、こういった指導法により英語使用度が高くても学習者には理解しやすい授業展開が可能となることは疑いない。また、「英語の使用場面が多いから」（2人）は、英語使用度と動機づけの強さとの関連性を明らかに指摘している。

4.6.4.2　英語使用度の視点
4.6.4.2.1　英語使用に対する学習者の期待
　表22のY中では、「指導者の英語使用度」に対しては約3分の2、「学習者の英語使用度」に対しては約半数が「日本語と英語半々ぐらいで」を

期待しており、「全部英語で」を望む学習者は両者に対し非常に少なかった（各4.7%）。それとは対照的に、表23のA中では、95％以上もの学習者が、「英語の授業における英語使用の必要性」（1と2の合計）を認識している。以下でも述べるが、この認識がA中での「コミュニケーション」や「世界」を意識した動機づけの強さや、実際の英語学習の効果につながっていると考えられる。多重知能理論の視点からすると、英語は覚えるだけでなく実際に多様な場面で使用してはじめて、文部科学省のいう「実践的コミュニケーション能力」に結び付くのである。

表22　指導者および学習者の英語使用度

	公立Y中学校			
	指導者の英語使用度		学習者の英語使用度	
	N（170）	%（100）	N（170）	%（100）
1.　全部英語で	8	4.7	8	4.7
2.　ほとんど英語で	24	14.1	28	16.5
3.　日本語と英語半々	112	65.9	86	50.6
4.　ほとんど日本語で	20	11.8	38	22.4
5.　全部日本語で	6	3.5	10	5.9
平均	2.95		3.08	
標準偏差	0.77		0.90	

表23　英語の授業で英語を使うことの重要性について

	私立A中学校	
	N（139）	%（100）
1.　とても重要である	126	90.6
2.　まあまあ重要である	7	5.0
3.　ふつう	6	4.3
4.　あまり重要ではない	0	0
5.　全く重要ではない	0	0
平均	1.14	
標準偏差	0.45	

4.6.4.2.2 英語使用の実際

表24が示すように、Y中の教師はもっと積極的に英語を使用すべきだと考えている。具体的には、初期の段階から英語使用を習慣づけ、身体的な表現も活用しながら、生徒の英語での発話回数をどんどん増やしていきたいと考えている。しかしながら、実際に教室で使用されている英語の割合は、C先生クラスの生徒の英語使用を除き、教師・生徒共に30～50%程度と低い。またY中の具体的な英語使用の場面は、天気や日時などの挨拶、教師から生徒への指示や生徒から教師への依頼といったクラスルーム・イングリッシュと教科書の内容に付随した言語活動に限定されてい

表24　教室での英語の使用割合および使用場面の具体例—公立Y中学校の場合—

	A先生（N = 87）	B先生（N = 49）	C先生（N = 34）
1. 教師の英語使用＜具体例＞	生徒への指示／挨拶／本文の場面設定の説明とQ＆A／既習表現を使ってQ＆A	Warm UpでのQ＆A／発問、指示／本文の導入・内容確認・Q＆A	指示やWarm Upでの会話
＜割合＞	30～40%	50%	50%
2. 生徒の英語使用＜具体例＞	授業開始の挨拶の時（天気・時間・日にち・曜日etc.）／授業内での教師への依頼の時／本文内容のQ＆Aの答えを発表する時	英問には英語を使用して答えるよう指示／Thank you. I don't know. Ask me. などを日常的に使用	Warm Upでの会話／単語や本文の音読／新出の基本文を用いた言語活動
＜割合＞	30～40%	30%	70%
3. 中1の授業での、英語使用についての考え	Body Language等も駆使し、自分達の知っている範囲内の表現（既習表現）をどんどん使い、積極的に授業に参加してほしい	4月時点から教師が強くリードし、習慣づけることが大切だと思う／また教師の力量、研修も重要である	初期の段階からなるべく英語を使った方がいい／生徒の英語での発話回数を増やしたい

る。Y中に比べ、A中の英語使用の割合は、英語の授業に限ると基本的に教師・生徒共に100％である。

　もちろん、公立であるY中の場合は週当たりの英語時間数も限られ、他教科で英語を使用しているわけでもないので、英語使用の指標に関して私立A中との単純な比較はできない。にもかかわらず、英語使用度が英語学習への動機づけやコミュニケーション能力とも関わっていることを考慮すれば、もう少し英語使用度を上げても良いのではなかろうか。

　英語以外の教科でも積極的に英語を導入しているA中では、必然的に英語の使用場面も多くなるが、表25はまず、多様な分野の単語を習得したり他教科内容を同時学習できたりする点が英語で授業を受ける大きな利点であることを示している。多重知能理論に基づくと、様々な学問領域と関連させて外国語指導を行うことは人間の8つの知能を伸ばすのにも大変効果的である。また半数近くの学習者が「英語を自然に使えるようになった」を100％英語の授業の利点として挙げているが、これは従来のように中学校の初級段階から文法を重視するのではなく、英語という教科の枠組みを超えて他教科の内容を取り込むことにより「英語使用」の機会が増やされている結果であるといえる。さらに表25は、A中のような意味内容に焦点をおく教科横断的英語指導法が、「聞く」・「読む」・「書く」・「話す」の英語の4技能をより自然な形で統合的に伸ばしていける可能性をも示唆している。

表25　英語で授業を受けるよい点―私立A中学校の場合―

	単語の習得	「聞く」の習得	「読む」の習得	「書く」の習得	「話す」の習得	自然な英語使用	英語と他教科の同時学習	その他(1)＊	その他(2)＊
N (139)	110	108	103	91	90	63	63	24	3
% (100)	79.1	77.7	74.1	65.5	64.7	45.3	45.3	17.3	2.2

(1)　＊「世界に関心が持てるようになった」、(2)　＊「英語でコミュニケーションできるようになった」

4.6.4.3　英語学習への動機づけの視点

調査目的：Y中とA中の間での、英語学習に対する動機づけの質的な違いを明らかにする。

調査方法：Y中では、複数回答が可能な12項目の選択式とその他の欄への自由記述式を併用。A中では完全な自由記述式で調査したが、Y中との比較のため、134の回答文（5人は未記入）を12項目に分類し、それに含まれないものはa～dとして設定した別項目に入れた。ただし、自由記述中に複数の要素が認められる時、1つの回答を2つ以上の項目に入れている場合もある。

　表26の回答1では、Y中の場合、学習意欲の低い学習者が5分の1弱も見られたが、A中の場合はほとんど見られなかった。回答2・3では、Y中の大多数の生徒が学校のテストでよい点を取るためや高校入試に合格するためといった目先の目標で英語を学習していることが明らかになったが、A中で回答3を挙げたのは8名のみで、しかも内6名は「海外の大学に行くため」であった。これに対し、A中で回答率が高かったのは、回答4・6・9などである。以下具体的な記述を見ていくと、回答4には半数近くの学習者が「海外で働くため」とし、国際弁護士、新聞記者、世界的医者、デザイナー、国連の職員、音楽家、海外ボランティアなどが挙げられた。こうした多様な職種に対応するには、中学の時から就職に向けた英語学習指導、すなわち多重知能理論を生かし様々な知能を伸ばしていく指導が必要である。画一的で1～2の知能に特化した英語教育では、早期に将来の可能性の芽を摘み取ってしまう恐れがあろう。回答6の内訳は、「世界の人々とコミュニケーションをとるため」や「外国人との英語での意思疎通のため」で、コミュニケーションに対する強い意欲が明らかに見て取れる。また、回答9には「日本にとどまらず世界に目を向けるため」、回答10には「コミュニケーションの手段として英語は必要だから」といった記述も含まれた。

第 4 章　中学校英語教育

　表26の回答1〜12（比較できないa〜dは除く）の中で、「コミュニケーション」に関わる項目（回答6・7・8・9・10）の各学校の回答総数（Y中N=597、A中N=145）に占める割合で比較してみると、Y中が26.8%と「コミュニケーション」への意欲は相対的に低かったのに対し、A中は61.4%と高かった。同様の方法で、「世界」に関わる項目（回答5・6・7・9・10）の比較においても、Y中（35.0%）とA中（69.7%）の間には2倍近い差が見られ、A中に回答3・4の内「海外の大学に行くため／海外で働くため」の記述を加えた場合は84.8%にもなった。これら2つの指標の比較分析により、A中の生徒の多くは、長期的に将来を見越し世界での活躍をも視

表26　英語学習の目的

学習者の回答	私立A中学校 N (134)	私立A中学校 % (100)	公立Y中学校 N (170)	公立Y中学校 % (100)
1. 科目の1つでしかなく	1	0.7	29	17.1
2. 学校のテストでよい点を取るため	0	0	116	68.2
3. 将来の受験に役立つため	8	6.0	91	53.5
4. 将来の就職に役立つため	34	25.4	54	31.8
5. 外国に行ってみたいから	12	9.0	61	35.9
6. 外国人と接触したいから	31	23.1	38	22.4
7. 外国の文化をいろいろ知りたいから	10	7.5	24	14.1
8. 日本の文化を英語で紹介したいから	0	0	12	7.1
9. 将来、世界で活躍したいから	34	25.4	26	15.3
10. 英語は世界共通語で重要だから	14	10.4	60	35.3
11. 英語が好きだから	1	0.7	61	35.9
12. 英語の資格（英検等）を取りたいから	0	0	25	14.7
a. （漠然と）自分の将来に役立てるため	33	24.6		
b. 世界の人々を助けるため	7	5.2		
c. 英語が使えると有利だから	7	5.2		
d. その他	9	6.7		

野に入れ、コミュニケーション能力を高めるために英語学習していることがわかった。知識の使用を重視する多重知能理論の視点からすると、A中の方が日々の授業で「英語使用」や「海外進出」を動機づけの中で強く意識しているため、将来使える実践的英語力が効果的に身に付いていく言語環境にあるといえる。

4.6.4.4 授業観察（高い動機づけの要因）と学習効果―私立A中学校の場合―

ここでは先にも一部述べた2つの授業例を引用しながら、今回は主に動機づけの要因としての多重知能やコミュニケーション能力の視点から、各学習活動がいかに多様な知能を活用しコミュニケーション能力の育成にも結び付くかを考察していく。

第1の例は、2回連続の理科の授業「音の性質」（中1／① 2006-11-07、② 2006-11-09）である。①で学習者は、教師の"What do you think how sound travels?"という英語での問いかけに対して自らの仮説を設定し＜論理・数学的知能＞、グループごとに意見交換しながら答えを探す発見学習を行った＜対人的知能＞。この自分の意見を相手に伝える過程では、適切な語彙を用いる＜言語的知能＞だけでなく、身振り・手振り＜身体運動的知能＞や図を描く＜視覚・空間的知能＞など複数の知能を生かした説得方法を用いる、コミュニケーション能力育成のための英語指導が実施された。また②で学習者は、騒音の人体や自然界への悪影響を話し合い＜対人的知能＞、班ごとに騒音公害の対策について寸劇（工事現場の再現やうるさい車と警官など）で発表した＜身体運動的知能＞。

第2の例、数学の授業「テニスコートの白線の面積を測定」（中1／2006-05-23）では、まず各グループ内で活動用紙の内容を教え合い＜対人的知能＞、白線に必要なペンキ量の測定方法を考えた後＜論理・数学的知能＞、実際のテニスコートに出てメジャーを用い面積測定をした＜身体運動的知能＞。これら一連の活動は全て英語で行われるため、コミュニケーションの必要性は自ずと生ずる。また、各グループの考えた無駄のないペ

ンキ量は環境への影響を最小限にできる点で、面積計算という数学の内容はもちろん、教室外での環境問題に対する思考力も養っている。

　以上の授業例では理科や数学の教科内容が、実生活の現実の問題に深く関わる形で、体験しながら主体的に楽しく学ばれることが意図され、学習者の英語学習への興味を刺激していることは疑いない。すなわち、「グループ学習」「問題解決学習」「学習者中心の指導」や「教科横断的指導」が、学習者の動機づけを高める形で英語学習へ効果的に取り入れられているのである。

　私立A中での実際の学習効果について、TOEICの得点結果から考察すると、2006年9月受験分において、A中2年生の平均点は540点であった（http://www.aicj.com/blog/2006/11/toeic.html）。この得点は、2005年度分の、全国大学生の平均点435点よりは100点以上、全国高校生の平均点383点よりは150点以上も高かった。また、2007年1月受験分においては、A中2年生の平均点は617点となり、前回よりも80点近く上がっている（http://www.aicj.ed.jp/toeic/index.html）。確かに、TOEICだけがコミュニケーション能力を測るものではないであろう。しかしながら、この得点結果は、A中における様々な教科領域を通して行われる、英語の実践的使用を重視したCLIL的な英語教育の、一定の学習効果を示しているといえる。

4.6.5　まとめ

　本研究は、動機づけについて、アンケート調査による比較分析と授業観察によって検証した。その結果、中学生のコミュニケーション能力の育成を目指した動機づけとして、以下の3点を示唆したい。

① 英語の授業に対する理解度や関心度は、Y中でも決して低いとまでは言えないが、A中では予想以上の高い数値が得られた。これには前者が「科目の1つでテストのため」といった受動的姿勢に結び付き、受験目的の暗記学習になっているのに対し、後者は「国際的な活躍を

視野に実践的英語力を身に付けるため」といった積極的姿勢に結び付き、授業例からも示されたように本物の教材を多く提供し、それを応用・体験させているため、動機づけもより高まる結果となっている。

② 教室での英語の授業における英語使用度については、学習者の期待と実際の使用共に、Y中とA中の間には大きな違いが見られた。また英語の使用場面においても、前者が挨拶・指示・依頼程度のクラスルーム・イングリッシュや教科書のQ＆Aといった型どおりの固定した状況に限定されているのに対し、後者では主に学習者間の自由な相互作用を通して実生活に密着した様々な学問領域のトピックへと広げられ、学習者の知的好奇心からも動機づけが高められている。

③ 英語指導法では、Y中でも例えば歌やゲームを通じていくつかの知能が生かされてはいるものの、その機会は明らかに限定されている。それに対しA中では、他教科の教科内容とも関連させながらより多くの機会で多様な知能が生かされる英語教育が行われている。この教科横断的（CLIL的）な視点を取り入れた指導法は、学習者の動機づけを高めるばかりか、英語使用の割合や場面を増やすことで効果的なコミュニケーション能力の育成にも役立っている。私立A中での実践は、公立中での英語教育へ他教科の内容を一部取り込むことを考える際の良き示唆となろう。

第 5 章　おわりに

　本書は、学習者の個性に目を向けて 8 つの知能を活用することを主眼に置きながら、より効果的な形で、CLIL をはじめとする教科横断的指導を日本の英語教育に導入する可能性を模索してきた。すなわち、本研究は主に多重知能理論の視点から、他教科を生かす英語指導が、動機づけや「聞く」「話す」「読む」「書く」のコミュニケーション能力育成にいかなる効果があるのかを探り、学習者中心の"二刀流"指導法を提唱することを目的とした。

　本章では結論として、最初に、小学校と中学校の発達段階別に、各々の調査の主旨とその結果を要約していく。次に、こういった個別の調査結果を踏まえ、第 1 章の「はじめに」で提起した 6 つの仮説に対し、1 つ 1 つ発達段階を超えて総合的に議論しながら答えを出していく。そして最後には、個別の調査結果と仮説の総合的検証に基づき、筆者がこれからの小学校および中学校における英語指導法についていくつかの提案を行い、本書の締めくくりとしたい。

　まず発達段階別にまとめると、小学校では、多重知能理論や教科横断的指導を小学校英語教育へ適用することをめぐって 4 つの調査を行った。1 つ目は、広島市立早稲田小学校の 5・6 年生を対象として、8 つの多重知能を生かす英語活動への希望調査を実施した。その結果、子どもの多くは、従来から効果的と思われた、歌ったりゲームをしたりの活動にはとどまらず、広範な種類の英語学習（CLIL 的なものも含む）を希望していることが示された。それは、数の操作（論理・数学的知能）、映画やアニメの視

聴（視覚・空間的知能）、スポーツを通しての英語学習（身体運動的知能）、お互いの教え合い（対人的知能）、野外体験学習（博物的知能）などである。中でも、論理・数学的知能が活性化される数の計算や記憶、コンピューターを利用した英語学習を希望する児童が多かったことは、小学校高学年の知的発達段階とも密接に関わっており特筆すべきといえる。また、技能別には、全ての子どもが「聞く」「話す」の学習スタイルを好む訳ではないことが示された。ひろしま型カリキュラムにおいて「読む」「書く」はほとんど扱われていないが、子どもの得意な技能を生かす視点や英語学習への動機づけの視点を重視するならば、さらには子どもの思考の発達からいっても、小学校高学年の英語指導に「読む」「書く」を多少なりとも取り入れていく必要があると思われる。

　２つ目も早稲田小学校の児童を研究対象としているが、今度は希望ではなく、筆者自身が同校の英語指導へ実際に加わって、多重知能理論や教科横断的指導（CLIL）の視点から調査した結果の報告である。早稲田小学校で実践した活動を３つに分類して検討すると、児童の多くは「歌・踊り・ゲームの活動」だけでなく、「考えさせる活動」や「教科横断的な活動」にも大きな興味・関心を抱いていることが分った。コミュニケーション能力育成の視点からすると、５・６年生の９割以上の学習者が、こういった活動を通して「聞く」「話す」のコミュニケーション能力を習得できたと自己評価した。また、「私の夢」の授業例においては、教科横断的視点から、自分の行きたい国をイメージする絵を描いたりその国でしたいことを考えたりする活動の中で図画や社会の好きな子どもの知的好奇心を刺激するばかりか、多重知能理論の視点から、音楽的知能（国名チャンツ）、言語的知能（ことばの組み合わせ）、視覚・空間的知能（地図や写真）、身体運動的知能（手拍子）、対人的知能（班で協力して世界一周）など、子どもが潜在的にもつ複数の知能を活性化することを可能にする、個性を重視した学習者中心の指導になっている点が重要であることが指摘された。

　３つ目は、同様に、多重知能や他教科内容を生かすCLIL的な視点から、

第5章　おわりに

筆者が授業実践した広島市立祇園小学校での研究結果である。ここでも前の2つの研究と同じように、遊びレベルの簡単な英語学習活動だけでは子どもは飽きてしまいやすいことが示され、教科横断的指導により、高度な内容学習に対する彼らの知的好奇心を満たす必要性が指摘された。ここで実践した2つの教科横断的指導の授業例（社会・算数）から分かったことは、この指導法が幅広くオーセンティックなコミュニケーションの場を提供することができる点である。つまり、子どもは時差を知ろうとしたり計算をしたりするという目的で、英語学習を強く意識することなく、英語をコミュニケーションの手段として用いながら、英語インプット量が自然に増えていくことにもなるのである。

　4つ目は、同じく祇園小学校にて、理科の「海の生物」をテーマとして実践された、多重知能を生かす教科横断的（CLIL的）な英語指導例に基づく調査結果である。この授業例では、博物的知能（生物の違いの認識や分類）だけでなく他の7つの知能も効果的に英語学習へ取り入れられており、こういった複合的な知能の活用が学習者の理解へと繋がっている点が重要である。例えば、ある学習者は写真やイラスト（視覚・空間的）を手がかりにすることにより、また別の学習者は生物のジェスチャー（身体運動的）をしてみることによって、学習内容を容易に記憶でき理解もしやすくなるのである。また、理科の内容および一部国語の内容を英語学習に生かしていることは、学習者の知的好奇心を刺激して興味・関心を高めるばかりか、3つ目の事例と同様に、オーセンティックな形での「聞く」「話す」のコミュニケーション能力育成や多様な分野（この場合は主に理科）での英語使用に結びつくことが分かった。実際に、アンケート調査結果からは、授業への「興味・関心」、「理解」、および「聞く」「話す」において高い肯定的評価が得られ、単語小テスト結果からは、多重知能を生かす教科横断的指導が語彙の面での一定の成果に繋がることが示された。

　以上の4つの調査結果から言えるのは、小学校の場合、学習者の多重知能を活用する教科横断的指導を取り入れることは、多くの子どもが希望し

ているのに加え、動機づけの面でも、理解の面でも、コミュニケーション能力育成の面でも、個性重視の面でも重要であるということである。学習者を集団として画一的に捉えるのではなく、子どもによって科目内容の得意・不得意があることにもっと注目すべきであろう。ある子どもには社会、別の子どもには算数の内容を利用して英語学習をした方が、動機づけにもなり、学習内容への理解も深まり、英語の学習効果も大きくなることが期待されるのである。しかし、全ての子どもが例えば算数を好きという訳ではないので、多重知能や横断的指導を取り入れる際には一定の配慮が必要である。1つには、子どもの教科や知能の得意性および理解力は多様であるから、1～2種類の活動に偏ることなく、より多くの教科内容や知能を生かした英語活動をバランスよく導入することが必要である。もう1つには、対人的知能を生かす協同学習を取り入れることにより、強い知能の子と弱い知能の子が助け合いをしながら英語学習できる環境を作り出すことである。この工夫をすることにより、強い知能が活性化されますます伸ばされるだけではなく、弱い知能も強い知能に刺激されてより高められていくことが可能となるのである。

　一方で、中学校においては、多重知能理論や教科横断的指導をその英語教育に応用する目的で、3つの学校で5つの個別および比較の調査が行われた。　第1は、加藤学園中学校における調査で、ここでは主に理解を目指す教科横断的指導が学習者に対していかに効果的であるかを探った。研究結果、まず、理解度と関心度の高さは比例していることから、英語学習の際に、各学習者の多様な興味に応えるような教科横断的指導を行うことは、英語の授業に対する理解度の向上のためにも効果的であることが分かった。つまり、英語教育に自分の得意な教科の内容が入っていれば英語の授業により興味・関心が持て理解もしやすくなるということである。その一方で、理解度と英語学習効果の実感とが必ずしも一致していないことからは、理解しやすい実技教科（技術家庭、美術）だけでなく、理解はやや難しいと感じられる内容教科（社会、理科、数学）による英語学習を行

第 5 章　おわりに

うことも、よりレベルの高いコミュニケーション能力育成のためには必要であることが示唆された。

　第 2 は、AICJ 中学校で、この学校では異なる時期に計 3 回の調査を実施した。1 番目の調査では、主にコミュニケーション能力、4 技能統合および多重知能の視点から、教科横断的指導がいかに効果的かを考察した。まず、コミュニケーション能力育成の面では、教科横断的指導により英語使用の機会が増え、実生活のあらゆるオーセンティックな場面でその育成が可能なことが示された。反面、教科横断的指導の場合は各教科の専門用語が入ってくるなどして、語彙が難解になりがちであり、それがコミュニケーションに支障をきたす場合がある。そういった問題点を克服するための語彙指導の工夫として、ティームティーチングの採用、事前学習の充実、多重知能の活用などの取り組みを紹介し、語彙の問題を克服すれば公立中学校でもコミュニケーション能力を育成する目的で他教科の内容を一部取り込むことは十分可能であることを示唆した。4 技能統合については、「惑星」や「宇宙」の例から、どれか 1 つか 2 つの技能に片寄ってしまうことなくバランス良く 4 技能が取り入れられる指導法が考察された。つまり、理科と英語の教科横断的指導（CLIL）という形で、内容を重視しながらも、「読む」「書く」「聞く」「話す」の 4 技能を効果的に統合した英語指導を行うことが可能であることが分かったのである。多重知能の視点では、教科横断型のモデルがいくつか示された。その中で、教科横断型指導によって数多くの知能を活用することは、学習内容に対するより深い理解を目指す意味でも重要であることが分かった。ある 1 つのことを 1 つの方法で理解するよりも、人によっては言語だけでなく身体やリズムや映像など様々な知能を用いたほうがより理解が深まっていくのである。

　AICJ 中学校での 2 番目の調査では、8 つの知能の内の 1 つで、コミュニケーション能力育成にも重要と思われる、身体運動的知能を生かした英語指導法について考察した。その結果、身体運動的知能を利用する指導法を実践する場合、中学 2 年生の発達段階においては、単純に教師の指示に

従って身体を動かすのみのものや、「歌や踊りで楽しく」の活動が必ずしも好まれるわけではないことが分かった。むしろ、より複雑な問題解決や情報処理を伴い、学習者の知的好奇心を刺激し、同時に高度なコミュニケーションも要求されるような学習活動のほうが好まれる傾向にあるのであって、その方がコミュニケーション能力育成にも大いに役立つであろうということが指摘された。

　そして、AICJ中学校での3番目の調査では、もう1つのコミュニケーション能力の育成を目指す有効な手段として、対人的知能を生かす英語指導法について検討をした。その調査結果の分析からは、科目間に差はあるもののグループ学習への興味や学習者の意識する英語学習効果は全般的には高いこと、プレゼンテーションなど多様なグループ活動を通して学習者はリスニングをはじめ4技能を統合的に習得できたと感じ、英検の結果でもそれは証明されていること、対人的知能を活用したグループ学習は、英語使用の面では課題があるが、概してコミュニケーションへの積極的態度に結びついていることなどが示された。

　中学校での最後の調査としては、英語使用や学習者の動機づけの視点から、イマージョン校（A中）と公立中学校（Y中）の比較検証を行った。この研究結果、Y中とA中の間には大きな違いがいくつか見られた。英語の使用場面においては、Y中が挨拶・指示・依頼程度のクラスルーム・イングリッシュや教科書のQ＆Aといった型どおりの固定した状況に限定されているのに対し、A中では主に学習者間の自由な相互作用を通して実生活に密着した様々な学問領域のトピックへと広げられ、学習者の知的好奇心からも動機づけが高められていた。英語指導法では、Y中での知能の活用は限定的なのに対し、A中では、他教科の教科内容とも関連させながらより多くの機会で多様な知能が生かされる英語教育が行われていることが分かった。この教科横断的視点を取り入れた多重知能を生かす指導法は、学習者の動機づけを高めるばかりか、英語使用の割合や場面を増やすことで効果的なコミュニケーション能力の育成にも役立っているので

ある。その意味においても、私立Ａ中での実践例は、公立中学校での英語教育へ他教科の内容を一部取り込むことを考える際の良き示唆となるであろう。

以上の５つの調査から、中学校でも小学校と同様に、多重知能理論や他教科の内容を生かした英語指導法を行うことが重要であると考えられる。なぜなら、この指導法は学習者の理解力や興味・関心を高め、英語使用の機会を多くし、４技能を統合的に習得させ、個人差に根差したコミュニケーション能力育成を図ることができるからである。

上記の９つの調査結果を踏まえ、次には、「はじめに」で本研究全体の仮説として設定した、以下の６つを総合的に検証してみよう。

１）「学習者は、各々の８つの知能を生かした多様な英語学習活動や英語の授業を望んでいる。」

この仮説は、小学校と中学校の発達段階には関わらず、一様に証明された。小学校では、英語活動への希望調査の結果、学習者が歌ったり（音楽的）踊ったり（身体運動的）のような一部の知能のみではなく、多様な知能を生かした学習活動を望んでいることが示された。中学校においても同様の傾向が見られたが、例えばプレゼンテーションのように、単一の知能ではなく複合的に知能を生かせる活動が好まれている点も合わせて注目に値する。なお、希望する８つの知能の違いは、発達段階の違いというよりも、個人差（個人が潜在的に持つ知能の強弱）や英語力および学習意欲の違いに左右されることが多いようである。

２）「多重知能を利用する英語指導法は、学習者のもつ個性や理解力に合わせた方法によって、コミュニケーション能力を高めることが可能である。」

小学校および中学校を対象とした研究の結果、学習者の個性は多様で理解力にもかなりの個人差があり、コミュニケーション能力を高めて

いくには、この個人差を十分に考慮に入れた多重知能を利用する英語指導法の導入が重要であることが分かった。この指導法の利点は、言語のみの手段でコミュニケーション能力を習得するのが苦手な場合でも、ジェスチャーなどの身体表現を活用したり（身体運動的知能）、協同学習を通じて教え合ったり（対人的知能）、絵に描くなどして情報をイメージ化したり（視覚・空間的知能）、人それぞれの得意なやり方を補助的手段として活用することによって、コミュニケーション能力をより効果的に高めていけるところにある。実証的には、小学校では、アンケート結果により多重知能を利用する英語指導法が「聞く」「話す」を中心としたコミュニケーション能力に結びついていることが示された。中学校では、同様の指導法に基づくアンケート結果により、「聞く」「話す」のみならず4技能に関して学習者の好ましい反応が得られたが、それに加え、AICJ中学校ではTOEICの得点の伸びとしてもコミュニケーション能力の向上が証明された。

3）「学習者の多様な知能を活用する教科横断的指導は、英語使用の機会を増やし、語彙習得の面でもコミュニケーション能力育成の面でも効果的である。」

　まず、小学校では、多重知能を活用する社会・算数・理科の内容を取り入れた英語指導が、実生活と密接に関連する、様々な幅広い分野での英語使用を可能とし、オーセンティックな形でのコミュニケーション能力育成に役立つことが示された。具体的に述べれば、社会の内容で、好きな国とその理由を言いながら班で世界一周をするというタスクを与えれば、世界の国の名前および国を代表する動物、スポーツ、食べ物その他の産物についての会話をする必要が生じ、英語使用の機会や語彙の使用領域は格段に広がっていくことになるのである。また、理科の内容で、教室内の照明を工夫したり写真やイラストを多く利用したりして本物の水族館のように見立てて会話をすれば、より自

第5章　おわりに

然な状況の中でコミュニケーション能力が身に付くのではなかろうか。こいったオーセンティックな状況設定は、多重知能を利用する教科横断的指導であるからこそできることであると考える。「海の生物」の授業後に実施された単語テストから判断すると、この指導の結果としての英語使用の機会の多さは、一定の語彙の習得にも繋がっていることが分かった。以上のことは中学校の場合にも当てはまる。ただし、発達段階の違いにより、中学校ではもっと専門的な内容での教科横断的指導も可能である。もちろんその際には専門用語を予め提示するなど語彙指導上の工夫も必要とされるのであるが、騒音問題をロールプレイする理科の「音の性質」の授業や「ピタゴラスの定理」を使って問題解決する数学の授業を英語指導に生かし、小学校よりも一歩進んだ高度なコミュニケーション能力の育成を目指すこともできる。このように内容が専門的になればなるほど語彙指導が難しい反面、AICJ中学校でのアンケート結果からは、教科横断的指導の利点として語彙の習得を挙げるものが最も多かったことは注目に値する。さらには、公立中学校との比較考察からは、部分イマージョン中学校における多重知能を生かす教科横断的指導法が、学習者の動機づけを高めるばかりか、英語使用の割合や場面を増やすことで効果的なコミュニケーション能力の育成にも役立っていることが明らかにされた。

4）「多様な知能や得意性を生かすことにより、個々の学習者の英語学習に対する動機づけや興味・関心は高まる。」

この仮説については、小学校および中学校の両方の段階に当てはまることが分かった。多重知能を利用すればするほど、あるいは学習者にとって得意な知能や分野を英語指導へ取り入れれば入れるほど、個々の学習者の英語学習に対する動機づけや興味・関心は高まっていくのである。前者について、先の中学校の比較考察の例をもう一度引用すると、公立中学校に比べて部分イマージョン校では多重知能が英語指

導に数多く活用されており、この差が部分イマージョン校の学習者の動機づけや興味・関心の高さに繋がっていることが分かった。後者については、小学校を例にとると、博物的知能や理科が得意な子どもにとっては、「海の生物」の授業には大いに知的好奇心を刺激され、英語学習に対する興味・関心もよりいっそう高まった。同じように、社会の得意な子どもは「世界の時間」、算数の得意な子どもは「足し算」の授業に強く動機づけされたのは明らかであるが、反対に、社会や算数が不得意であったとしても英語学習に対する興味・関心が高い例もいくつかあったことは特筆すべきである。児童の生の声によれば、社会や算数自体は嫌いだけれども英語と組み合わせたことで新鮮でもあり楽しく学習できたというケースがあり、この点は教科横断的指導の大きな効用の1つであるといえる。

5）「学習者の弱い知能や眠っている知能は、協同学習などを通じた教え合いによって、より強められたり活性化されたりしていく。」

仮説4でも一部検討されているように、得意な知能やすでに顕在化している知能をさらに伸ばしたり活性化したりすることは比較的容易である。なぜなら、それは単にその学習者にとって得意な知能や分野を盛り込んだ英語指導を行えば良いだけだからである。しかしながら、学習者の弱い知能や眠っている知能を強めたり活性化したりするにはどうしたらよいであろうか。その解決手段として、先に述べた教科横断型学習の導入に加え、本論では協同学習などを通じた教え合いを提起している。この方法は、比較的グループで学習することに抵抗感の少ない小・中学校の段階ではとりわけ有効である。例えば、小学校の「英語で世界一周」のコミュニケーション活動では対人的知能を利用した協同学習の要素が取り入れられているが、世界一周のコースを考える過程において、絵を描くのが苦手な子は視覚・空間知能の強い絵の得意な子から刺激を受け、逆に、文章を考えるのが苦手な子は言

第5章 おわりに

語的知能の強い文章の得意な子に教えてもらうという形で学習している。また、中学校の「英語で音のポスター作成」の授業例では、各グループ内で、アイディアをよく出す人（論理・数学的知能）、ディスカッションをスムーズに進行する人（対人的知能）、人の話を正確に書き留める人（言語的知能）、色ペンを使って視覚効果を上手に出す人（視覚・空間的知能）などに分担がなされた。この２つの授業例で重要なのは、学習者が強い知能をますます伸ばしているだけでなく、弱い知能もお互いで助け合い補い合うような形で高め合っている点である。また、こういった協同学習による英語指導には、学習者が自分の潜在的に持つ知能の存在に気付いていない場合は、役割分担によりその知能を呼び覚まし活性化するという意味合いもある。

6）「多重知能理論やCLILをはじめとする教科横断的指導を英語教育に応用することにより、４技能を統合的に指導するための効果的な指導案を作成することができる。」

４技能を統合した指導法については、小学校では「ひろしま型」の「聞く」「話す」を中心とする指導の基本的枠組みもあり、学習者の「読む」「書く」もやりたいという希望はあったものの、実際の指導案としては提示することができなかった。それに対し、中学校では、多重知能理論を利用し他教科を生かした、４技能統合のための有効な指導案が示された。例えば、中学校の「宇宙」の授業例は、グループで話し合い（対人的知能）、理論的に金星の見え方を解き明かしたり（論理・数学的知能）、コンピュータグラフィックスで見え方を確認したり（視覚・空間的知能）する理科の内容を生かす指導案に基づいており、技能別には、「聞く」「話す」だけでなくテーマに関する本を「読む」やポスターに説明文を「書く」の活動を含んだ４技能の統合的指導を目指している。

以上のように、本書では、小学校および中学校の9つの調査を行い検討した結果、学習者の個性を生かす多重知能理論に基づき、他教科内容を英語教育に一部取り込むことは、学習者の興味・関心、理解力を高めると同時に、語彙の習得および4技能を統合するコミュニケーション能力の育成にもいかに効果的であるかが証明された。

　言い換えれば、本研究の結果、CLIL的な他教科内容を生かす英語指導を行うことは、知的好奇心から興味・関心が高まり、授業内容への理解を深めながら「聞く」「話す」「読む」「書く」のコミュニケーション活動を効果的に行えることが示されたのである。つまり、バランスよく「言語」と「内容」の両方の習得を目指す"二刀流"は十分可能であると考えられる。加えて、多重知能を生かす指導と組み合わせることによって、生徒の個性や得意分野を発揮する場が与えられ、学習者がこういった教科横断的指導に積極的に関わることができることが分かった。"二刀流"成功の鍵は、難解となりがちな「言語」や「内容」に対し、それを補うべく画像や実物などの理解のための足場を提供したり、各学習者の個性に合った8つの知能（視覚、身体、対人など）を活用して関心度や理解力を高める工夫をしたりすることにあるように思われる。

　最後に、本書の主題に関連する2つの提案をして締めくくりとしたい。第1は、もっと個性を重視する多重知能を生かした英語教育を実現すべきではなかろうかという提案である。これまでの英語教育の指導法では、どんな優れた指導法を用いていたとしても、学習者の個性を考慮しない限りは、ある学習者には合っても別の学習者には合わないといった問題点が生じていた。英語教員はクラス全員を満足させることは半ば諦めていたともいえるが、多重知能理論がこの問題を解決してくれるであろう。

　人間には8つの知能のうち、どれか少なくとも1つ（あるいは複数）は得意なものがある。数学（算数）や理科や社会は苦手でも、体を動かすことだけは得意という学習者もいる。また、絵を描くことや歌を歌うことだ

第 5 章　おわりに

けは得意といった学習者も確かに存在するのである。ただ、小学校などの初期教育の場合には、学習者が自らの持つ潜在的な知能に気付いていない場合すらある。英語教師の重要な務めは、あるいは英語教師に限らず教育に携わるもの全てに当てはまることであるが、そういった個々人の強い知能に気付いて伸ばしていく、または眠っている知能を発見し目覚めさせていくことなのではなかろうか。

　その意味で、具体的に英語の授業を立案する際には、8つの多重知能が全て活性化できるような（1回の授業で無理なら数回の授業で）多様な種類の学習活動を導入することを提案したい。そうすることで、英語の授業の中でどの学習者も少なくとも1つの場面では活躍できる場が与えられ、学習に対する動機づけや満足度も高めることに繋がり、もっと広い意味では、授業でどの学習者も強い知能に気付き活躍できることによって将来の生き方への示唆も与えることができるのではなかろうか。

　こういった、どの学習者も満足させるような多重知能を生かす英語の授業を行うには、2つのことを考慮する必要があると考える。1つには、教師は知能の視点で学習者集団の特性を把握するための事前調査を十分に行うことである。どの学習者がどんな強い知能を持ち、また逆にどんな弱い知能を持っているかを把握することなしには良い英語の授業はできないであろう。もう1つには、もっと多重知能を生かせる英語の教材を開発すべきである。例えば、大学の英語教材では歌や映画を扱うものは最近よく見かけ、楽しみながら英語を学べるという利点はあるであろう。しかし多重知能の視点からすると、そういった教材は、どのように指導するかで扱う知能の種類は多少変わるものの、半年または1年かけて同じ種類の知能ばかりを活性化してしまいがちである。そこで、日本の英語教育にも8つの知能をバランスよく、また効率よくそれらを活性化できるような教材が導入されるべきである。つまり、今後日本の英語教育には、それが小学校・中学校であれ、あるいは高校・大学であれ、個々の学習者の授業への満足度を上げ将来への指針を提供するためにも、画一的ではなく個性を重視し

た、多重知能を生かせる学習者中心の指導法を導入することが期待されるのである。

　第2は、もっと他教科の内容を生かした、言い換えれば、もっと学習内容を重視したCLIL的な英語教育を行うべきではなかろうかという提案である。まず、小学校・中学校の場合は、一部のイマージョン校を除いては、英語と他教科の連携や、教科横断的視点の英語教育という意味ではまだ不十分であろう。なお、本書は全ての教科を英語で教えるべきといったイマージョン教育を推し進めようとしているのではないが、英語の授業の中に他教科の内容を一部取り込んで指導をすることは非常に意義があると考えるのである。教科横断的指導の様々な利点は、すでに本論で述べている通りではあるが、1つには時間的効率性という点で有意味であろう。他教科で学習した内容を英語の授業でも復習すれば、英語と他教科内容が同時に身に付くわけであるし、まさに一石二鳥なのである。また、学習者中心に考えれば、多重知能と同じように算数の好きな学習者もいれば社会の好きな学習者もいるわけだから、それぞれの得意教科の内容で英語学習をすることは、興味・関心の点でも理解の点でも効果があるのである。コミュニケーション活動においても、他教科内容を利用すればその場面は幅広い領域に広がり、英語教材用に作られたようなものではなくオーセンティックに自然な形で行えるので、語彙習得の面でもコミュニケーション能力育成という面でも効果があろう。さらには、教科横断的指導の利点としては、1つ1つの教科をバラバラに学ぶより関連づけた方が、学習効果が高いこと、他教科の方が嫌いでも英語と組み合わせることで楽しく学べるようになること、英語学習だけを強く意識することなく他教科の内容を学ぶ中で自然と英語が身に付くことなどの利点があった。以上のような全ての利点を考慮に入れるならば、日本の小・中学校に教科横断的英語指導を実現することには大きな意義があるといえる。

　本書が、多重知能理論や教科横断的（CLIL的）視点から、現在の日本の小学校および中学校における英語教育を変える一助となることを願って

第 5 章　おわりに

止まないものである。

　なお、本書では、調査や紙面の関係もあり高校や大学での英語教育についてはほとんど触れることができなかった。今後の課題としては、多重知能理論や教科横断的（CLIL 的）指導および専門分野を重視する指導を日本の高校や大学での英語の授業へ応用してその効果を探り、小学校から大学までの一貫した発達段階における、多重知能や他教科・専門分野を生かすコミュニケーション能力育成のための学習者中心の指導法の構築を目指していきたいと考えている。

参考文献

AICJ（2006）.「AICJ 中学・高等学校；2007 中学校入学案内」広島：学校法人 AICJ 鷗州学園.
AICJ（2006）.「AICJ 中学校公式ブログ」
  http://www.aicj.ed.jp/ayumi /subject/math.html（2006-05-23）
  http://www.aicj.ed.jp/ayumi /subject/social.html（2006-05-31）
  http://www.aicj.ed.jp/ayumi /subject/dt.html（2006-06-15）
  http://www.aicj.com/blog/2006/09/post_18.html（2006-09-22）
  http://www.aicj.com/blog/2006/10/library_time.html（2006-10-25）
  http://www.aicj.com/blog/2006/11/post_37.html（2006-11-07）
  http://www.aicj.com/blog/2006/11/toeic.html（2006-11-08）
  http://www.aicj.com/blog/2006/11/post_38.html（2006-11-09）
  http://www.aicj.com/blog/2006/11/post_43.html（2006-11-15）
  http://www.aicj.com/blog/2006/11/post_42.html（2006-11-16）
  http://www.aicj.com/blog/2006/11/post_45.html（2006-11-20）
  http://www.aicj.com/blog/2006/11/post_48.html（2006-11-24）
  http://www.aicj.com/blog/2006/11/post_50.html（2006-11-29）
  http://www.aicj.com/blog/2006/12/post_53.html（2006-12-04）
AICJ（2007）.「AICJ 中学校公式ブログ」
  http://www.aicj.com/blog/2007/01/
  http://www.aicj.com/blog/2007/02/
  http://www.aicj.com/blog/2007/03/
  http://www.aicj.com/blog/2007/05/
  http://www.aicj.com/blog/2007/06/
AICJ（2008）.「TOEIC に挑戦」http://www.aicj.ed.jp/toeic/index.html
AICJ（2008）.「AICJ 英検実績」2009 年 5 月 7 日検索.
  http://www.aicj.ed.jp/
天野小学校（2007）.「平成 19 年度研究開発実施計画書」2008 年 4 月 25 日検索.
  http://academic1.plala.or.jp/amasho/annai/H19amano_kenkyu.pdf
Armstrong, T.（2000）. *Multiple intelligences in the classroom*. Alexandria, VA: Association for Supervision and Curriculum Development. 吉田新一郎訳（2002）.『「マルチ能力」が育む子どもの生きる力』東京：小学館.
Asher, J.J.（1977）. *Learning another language through actions*. Los Gatos, CA: Sky

Oaks Productions.
Asher, J.J. (2003). *Learning another language through actions.* Los Gatos, CA: Sky Oaks Productions.
Ausubel, D.A. (1968). *Educational psychology: A cognitive view.* New York: Holt, Rinehart & Winston.
Benesse 教育研究開発センター (2009).「第1回中学校英語に関する基本調査（生徒調査）」2009年8月22日検索. http://benesse.jp/berd/center/open/report/chu_eigo/seito_soku/index.html
Brewster, J., Ellis, G., & Girard, D. (2002). *The primary English teacher's guide*: London: Penguin. 大久保洋子・杉浦正好・八田玄二訳 (2005).『「小学校英語」指導法ハンドブック』. 東京：玉川大学出版部.
Brinton, D., Snow, M., & Wesche, M. (1989). *Content-based second language instruction.* New York: Heinle and Heinle.
Brown, H.D. (2000). *Principles of language learning and teaching.* Fourth Edition. New York: Pearson Education Company.
Brown, H.D. (2001). *Teaching by principles: An interactive approach to language pedagogy.* Second Edition. NY: Pearson Education Company.
Brown, K., & Brown, M. (1996). *New contexts for modern language learning. Pathfinder Series for Language Teachers* No27: CILT.
Chomsky, N. (1965). *Aspects of the theory of syntax.* Cambridge: MIT Press.
Christison, M.A. (1996). Teaching and learning languages through multiple intelligences. *TESOL Journal,* 46 (9), 10-14.
Christison, M.A. (2005). *Multiple intelligences and language learning.* Burlingame, CA: Alta Book Center Publishers.
Coyle, D., Hood, P., & Marsh, D. (2010). *CLIL: content and language integrated learning.* Cambridge: Cambridge University Press.
Cummins, J. (1980). The cross-lingual dimensions of language proficiency: Implications for bilingual education and the optimal age issue. *TESOL Quarterly 14,* 175-187.
Deci, E.L. (1975). *Intrinsic motivation.* New York: Plenum Press.
Dulay, H.C., & Burt, M.K. (1974). Natural sequences in child second language acquisition. *Language Learning,* 24 (1), 37-53.
Educational Testing Service. (Ed.) (2015). *Test and Score Data Summary for TOEFL Internet-based Tests, JANUARY 2014—DECEMBER 2014 TEST DATA,* NJ: Educational Testing Service.

Fries, C.C.（1945）. *Teaching and learning English as a foreign language.* Ann Arbor: The University of Michigan Press.
Gardner, H.（1983）. *Frames of mind: The theory of multiple intelligences.* New York: Basic Books.
Gardner, H.（1993）. *Multiple intelligences: The theory in practice.* New York: Basic Books. 黒上晴夫監訳（2003）.『多元的知能の世界―MI理論の活用と可能性―』大阪：三晃書房.
Gardner, H.（1999）. *Intelligence reframed: Multiple intelligences for the 21st century.* New York: Basic Books. 松村暢隆訳（2001）.『MI：個性を生かす多重知能の理論』東京：新曜社.
Gardner, H.（2006）. *Multiple intelligences : New Horizons.* New York: Basic Books.
Gardner, R.C., & Lambert ,W.E.（1972）. *Attitudes and motivation in second language learning.* Rowley: Newbury House.
Gouin Fr.（1880）. *L'Art d'enseigner et étudier la langue.* Paris: Librairie Fischbacher.『ゴアン氏言語教授方案』（台湾総督府民政部学務課明治33年刊）安部洋訳（2008）.『日本植民地教育政策史料集成：台湾篇 第36巻』東京：龍溪書舎.
Haley, M.H.（2004）. Learner-centered instruction and the theory of multiple intelligences with second language learners. *Teachers College Record,* 106 ,（1）, 163-180.
畑江美佳（2012）.「小学校外国語活動における「読む」ことへの第1歩としての絵本の活用」『融合文化研究 第18号』, pp.2-13.
林桂子（2006a）.「16章 多重知能理論を応用した理解のための外国語指導―協同学習によるコミュニケーションの重要性」吉村耕治（編）『言語文化と言語教育の精髄』大阪：大阪教育図書.
林桂子（2006b）.「多重知能理論の視点から考える協同学習によるライティング指導」『広島女学院大学英語英米文学研究』第14号.
林桂子（2007a）.「第3章7節 外国の事例から見た小中連携のあり方」松川禮子・大下邦幸（編）『小学校英語と中学校英語を結ぶ-英語教育における小中連携-』東京：高陵社.
林桂子（2007b）.「日本の小学校英語教育の現状とヨーロッパの外国語教育」幼稚園／小学校英語指導者対象ワークショップ，広島女学院大学発表資料（2007年7月7日）.
林桂子（2007c）.「多重知能理論を応用した英語教育法の開発」『平成18年度文部科学省科学研究費補助金（萌芽研究）研究成果報告書』.
林桂子（2011）.「多重知能理論の観点から考える英語教育（第3回）MI理論を

応用した外国語教育の海外の事例」『英語教育』2011年6月号, pp.54-56.
広島市教育委員会（2007）.「平成19年度研究開発校等に係る広島市立小・中学校教育課程編成基準」2007年12月5日検索．
http://www.kantei.go.jp/jp/singi/kouzou2/kouhyou/061116/dai12/20toke.pdf/
広島市教育委員会（2008）.「ひろしま型カリキュラム第5学年用指導案」．教授用資料．
広島市教育委員会（2009）.「ひろしま型カリキュラム第5学年用指導案」．教授用資料．
広島市教育委員会（2010）.「ひろしま型カリキュラム第6学年用指導案」．教授用資料．
Hymes, D. (1972). *On communicative competence*. PA: University of Pennsylvania Press.
池田真（2013）.「CLILの原理と指導法」『英語教育』2013年6月号, pp.12-14. 大修館書店．
和泉伸一・池田真・渡部良典（2012）.『CLIL（内容言語統合型学習）上智大学外国語教育の新たなる挑戦　第2巻　実践と応用』東京：上智大学出版局．
Johnson, D.W., Johnson, R., & Smith, K. (1998). *Active learning: Cooperation in the college classroom*. Edina, MN: Interaction Book Company.
Kagan, S., & Kagan, M. (1998). *Multiple intelligences: The complete MI book*. San Clemente, CA: Kagan Cooperative Learning.
加藤学園（2004-2005）.「使命と目標　加藤学園」2009年2月13日検索．
http://www.bi-lingual.com/School/Japanese/missionJP.htm
加藤学園（2006）.「加藤学園英語イマージョンプログラム」
http://www.bi-lingual.com/School/JapaneseHome.ht m
加藤学園（2008）.「学校案内」静岡：加藤学園暁秀高等学校・中学校．
北林利治, 他（2003）.『現代の英語科教育法』東京：英宝社．
Krashen,S. (2002). *Foreign language education the easy way*. Taiwan: Crane Publishing Co., Ltd. 菊川秀夫訳（2003）.『外国語教育　簡単な方法』台湾：正合印刷．
Krashen, S., & Terrell, T. (1983). *The natural approach*. New York: Prentice Hall.
Larsen-Freeman, D. (1980). *Discourse analysis in second language research*. Rowley, MA: Newbury House.
Long, M.H., & Porter, P.A. (1985). Group work, interlanguage talk, and second language acquisition. *TESOL Quarterly*, 19 (2), 207-228.
Mohan, B. (1986). Content-based language instruction, Reading, MA: Addison-

Wesley.
文部省（1999）.『中学校学習指導要領（平成10年12月）解説—外国語編—』東京：東京書籍.
文部科学省（2002）.「『英語が使える日本人』の育成のための戦略構想〜大臣閣議後記者会見における文部科学大臣発言要旨〜」
http://www.mext.go.jp/b_menu/soshiki/daijin/020714.ht m
文部科学省（2005）.「英語教育改善実施状況調査結果概要（中学校）」
http://www.mext.go.jp/b_menu/toukei/001/06032211/001/001.htm
文部科学省（2008a）.「平成19年度小学校英語活動実施状況調査」2008年5月22日検索.
http://www.mext.go.jp/b_menu/houdou/20/03/08031920/002.htm
文部科学省（2008b）.「新しい学習指導要領　小学校／中学校学習指導要領－2008年3月公示の改訂版」.2008年4月14日検索.
http://www.mext.go.jp/a_menu/shotou/new-cs/youryou/index.htm
文部科学省（2009）.『英語ノート1・2』東京：教育出版.
文部科学省（2009）.「英語教育改革総合プラン（新規）[達成目標2-1-5]」2009年8月17日検索.
http://www.mext.go.jp/a_menu/hyouka/kekka/08100105/022.htm
文部科学省（2012）.『Hi, friends! 1・2』東京：東京書籍.
二五義博（2007）.「多重知能理論を利用したクロスカリキュラム的視点の英語教育—AICJ中学校（広島）における実践例の検討を中心に—」『言語文化論叢　第10号』, pp.119-160.
二五義博（2008）.「多重知能理論の視点から見た中学校英語教育の動機づけ—英語の授業における英語使用の必要性について—」『中部地区英語教育学会紀要　37号』, pp.83-90.
二五義博（2009）. Physical English learning based on theories for enhancing communication Skills: Focusing on "the Hiroshima type of English curriculum" in the fifth and sixth grades of elementary schools.『言語文化論叢　第12号』, pp.49-77.
二五義博（2009）.「アメリカにおける8つの知能を生かした言語学習の理論と実践—日本の小学校英語教育での4技能統合を目指して—」『英語教育研究（SELT）第32号』, pp.107-116.
二五義博（2009）. Enhancing communication skills with bodily-kinesthetic intelligence in multiple intelligences theory: A case study at AICJ junior high school.『JACET関西紀要　第11号』, pp.113-127.
二五義博（2010）.「理解度を高めるための教科横断的指導を中学校英語教育に導

入する利点と問題点―部分イマージョン実施中学校でのアンケート調査結果から―」『中部地区英語教育学会紀要　39号』, pp.111-118.
二五義博 (2010).「多重知能理論の対人的知能を活用したコミュニケーション能力育成―AICJ中学校（広島）の教科横断的協同学習を事例研究として―」『英語教育研究（SELT）　第33号』, pp.41-50.
二五義博 (2010). The application of multiple intelligences theory to upper grade English activities of Japanese elementary schools.『中国地区英語教育学会研究紀要 No.40』, pp.61-70.
二五義博 (2011).「10章　社会や算数の教科内容を組み入れた小学校英語教育」河原俊昭・中村秩祥子（編著）『小学校の英語教育―多元的言語文化の確立のために―』東京：明石書店.
二五義博 (2011).「考えさせる活動や教科横断的活動を取り入れた小学校英語教育―広島市立早稲田小学校での授業実践例の報告―」『英語教育研究（SELT）　第34号』, pp.81-90.
二五義博 (2012).「多重知能理論の博物的知能を応用した小学校英語科の授業―「英語」と「理科」の教科横断的指導として―」『英語教育研究（SELT）　第35号』, pp.143-152.
二五義博 (2013).「算数の計算を活用した教科横断型の英語指導―小学校高学年児童を対象とした英語の数の学習を事例として―」*JES Journal 13*, pp.84-99.
二五義博 (2014).「CLILを応用した二刀流英語指導法の可能性―小学校高学年児童に社会科内容を取り入れた指導を通して―」*JES Journal 14*, pp.66-81.
新里眞男 (2008).「いま，4技能を統合的に教える必要性―そして，さらなる技能も！」『英語教育』2008年4月号, pp.10-13.
野呂忠司 (2007).「第3章4節　小中連携と文字指導」松川禮子・大下邦幸（編）『小学校英語と中学校英語を結ぶ―英語教育における小中連携―』東京：高陵社.
Oxford, R. (1997). Cooperative learning, collaborative learning, and interaction. *Modern Language Journal 81*: 443-56.
Palmer, H.E. (1921). *The oral method of teaching languages*. Cambridge: Heffer and Sons.
Piaget, J. (1959). *The language and thought of the child*. London: Routledge and Kegan Paul Ltd.
Piaget, J. (1972). *The principles of genetic epistemology*. New York: Basic Books.
Rivers, W. (1964). *The psychologist and the foreign language teacher*. Chicago: University of Chicago Press.
笹島茂 (2011).『CLIL　新しい発想の授業―理科や歴史を外国語で教える！？』

東京：三修社.

Savignon, S.（1971）. *A study of the effect of training in communicative skills as part of a beginning college French course on student attitude and achievement in linguistic and communicative competence*. Unpublished doctoral dissertation, University of Illinois, Urbana-Champaign.

Scarcella, R.C., & Oxford, R.L.（1992）. *The tapestry of language learning: The individual in the communicative classroom*. Boston, MA: Heinle and Heinle. 牧野高吉, 他訳（1997）.『第2言語習得の理論と実践　タペストリー・アプローチ』東京：松柏社.

Selinker, L.（1972）. Interlanguage. *International Review of Applied Linguistics 10*（3）, 209-231.

Skehan, P.（1989）. *Individual differences in second-language learning*. London: Edward Arnold.

Skehan, P.（1992）. Strategies in second language acquisition. *Thames Valley Working Papers in English Language Teaching 1*, 178-208.

Skehan, P.（1998）. *A cognitive approach to language learning*. Oxford: Oxford University Press.

Swain, M.（1985）. Communicative competence: Some rules of comprehensible input and comprehensible output in its development. In Gass, S. and Madden, C.（Eds.）*Input in second language acquisition*. Rowley, MA: Newbury House, 235-253.

TOEIC運営委員会（2008）.「TOEIC® テスト DATA & ANALYSIS 2007」http://www.toeic.or.jp/toeic/pdf/data/DAA2007.pdf

梅本多（2000）.「「教科としての英語」―研究指定校・大阪府河内長野市立天野小学校の場合」『英語教育』2000年12月号, pp.22-23.

Vygotsky, L.S.（1978）. *Mind in society: The development of higher psychological processes*. Cambridge, MA: Harvard University Press.

渡部良典・池田真・和泉伸一（2011）.『CLIL（クリル）内容言語統合型学習　上智大学外国語教育の新たなる挑戦　第1巻　原理と方法』東京：上智大学出版局.

Widdowson, H.G.（1978）. *Teaching language as communication*. Oxford: Oxford University Press.

Willis, D., & Willis, J.（2001）. Task-based language learning. In Carter, D. and Nunan, D.（Ed.）*The Cambridge guide to teaching English to speakers of other languages*. Cambridge: Cambridge University Press.

Willis, J. (1996). *A framework for task-based learning*. London: Longman.

Yamashiro,A.D., & McLaughlin,J. (2001). Relationships among attitudes, motivation, anxiety, and English language proficiency in Japanese college students. In P. Robinson, M. Sawyer, and S. Ross (Eds.), *Second language acquisition research in Japan* (pp.113-127). Tokyo: Japan Association for Language Teaching.

事項索引

ア行

アウトプット　13, 23, 137
EFL　7, 24, 39
ESL　24, 37
ESP　122, 140
イマージョン　24
イマージョン教育　7, 22, 115, 192
イマージョン校　7, 45
インタラクション　17, 122, 125, 146, 151, 161
インプット　5, 13-14, 22-23, 35, 137
インプット量　22, 91, 132, 181
英語科（の）授業　45, 48, 75, 93
英語教科化　44
英語使用　6, 55, 73, 77, 82, 93, 103, 106, 109, 114, 117-118, 137, 141, 155, 162, 164-167, 170-173, 176, 178, 181, 183-187
英語使用度　117, 166-167, 170-171, 173, 178
オーセンティック　4, 14, 17, 20-21, 24, 57, 85, 93, 98, 100, 103, 109, 116, 118, 120, 126, 140, 150-151, 155, 181, 183, 186-187, 192
横断型英語指導　120, 135
横断型学習　46
横断的学習　73
音楽的（知能）　20, 26, 29-32, 34-36, 40, 48, 54, 57-59, 62, 64-65, 67, 70, 98, 103, 125, 170, 180, 185

カ行

学習者中心の英語指導　105
学習者中心の指導（法）　33, 44, 47, 49, 92, 104, 109, 112, 177, 180, 192-193
教科横断型　7-8, 39, 64, 66, 69, 75, 91, 140, 159, 183
教科横断型英語指導法　165
教科横断的　3, 5, 7, 21, 24, 30, 33, 36, 39, 46, 61, 64, 66, 68, 69, 73, 81-82, 85, 89, 91-92, 94-95, 100-101, 103, 105-107, 112, 124, 126-128, 151, 154, 159-161, 163-164, 178, 180-181, 192-193
教科横断的英語教育　140
教科横断的英語指導（法）　93, 140, 173, 192
教科横断的活動　73, 75, 85, 125
教科横断的学習　22, 97, 112, 153-154
教科横断的協同学習　155
教科横断的指導　3, 6-8, 20-22, 45, 47, 63, 70, 75, 77, 81-82, 85, 91-93, 95, 97, 100, 103-107, 109, 112, 114-115, 118-119, 123-127, 132, 134, 137-138, 140, 145, 155, 177, 179-183, 186-190, 192
協同学習　6, 23-24, 30, 39, 41, 71, 74, 98, 101, 103, 106, 108-109, 152-155, 158, 161, 163-164, 182, 186, 188-189
CLIL　3, 6-8, 22-24, 39, 52, 65, 70, 73, 77, 83, 85-86, 93, 97, 100, 103, 109, 114-115, 118, 127, 132, 138, 160, 179-180, 183, 189
CLIL的　5, 24, 30, 35-36, 38, 44, 46, 61, 64, 66, 73, 75, 81-82, 91, 94, 101, 103, 105-108, 123, 126, 128, 159, 163-164, 177-181, 190, 192-193
グループ活動　24, 146, 159-160, 163-164,

184
グループ学習　22, 56, 151-152, 154-155, 158, 162, 164, 177, 184
グループ学習活動　158-159
グループワーク（Group Work）　23, 36, 122, 152, 154, 158, 161
言語獲得装置（LAD）　12
言語学習　4, 14, 19, 23, 77, 81, 83, 132, 140, 152
言語的（知能）　4, 20, 25, 29-32, 34, 36, 38, 40, 50, 57-59, 64-65, 68, 70-71, 77, 85, 98, 103, 119, 122, 125, 129-131, 148, 154, 163, 166, 168, 176, 180, 188-189
国際バカロレア機構（IB）　111-112
個人学習　56
個性　5-6, 8, 14, 25, 28, 33, 35, 44-45, 63, 75, 92, 104, 106, 140, 153, 165, 179-180, 185, 190-191
個性重視　4-5, 73, 106, 182
個別学習　34, 59, 164
コミュニカティブ・アプローチ　12
コミュニケーション能力　6, 8, 10-13, 15-17, 31, 64, 73, 81, 89, 91, 100-101, 103, 106, 111, 119-120, 134, 136, 139, 142, 144-145, 151, 153-155, 157, 162, 166, 168-169, 171, 173, 176-177, 180, 183, 185-187
コミュニケーション能力（の）育成　3, 5-9, 12, 14-15, 17-18, 21, 25, 36, 39, 63, 69, 71, 75, 77, 81, 85, 93, 98, 103, 106-109, 118-120, 125, 140, 142, 150, 157, 164-166, 176-187, 190, 192-193
5点法　133, 167

サ行

視覚・空間的（知能）　20, 26, 29-32, 34-35, 38, 40, 52, 57-59, 62-64, 66, 68, 71, 77, 98, 103, 119-120, 122-123, 125, 127-128, 130, 148, 150, 163, 166, 168, 170, 176, 180-181, 186, 188-189
思考活動　23, 51, 69, 73, 104
思考発達段階（説）　18, 39, 63
指示言語　138
小学校英語活動　3, 43
身体運動（感覚）的（知能）　7, 20, 26, 29-34, 36, 41, 53-54, 57-59, 62, 64-65, 67-68, 71, 77, 98, 103, 106, 108, 119-120, 123, 126-128, 141-142, 144-148, 150-151, 154, 166, 170, 176, 180-181, 183, 185, 186
3ヒントクイズ　93, 97-98, 100
生徒主導型　157

タ行

対人的（知能）　7, 20, 26, 29-32, 34, 36, 38, 41, 49, 55-59, 62-66, 68, 71, 77, 98, 103, 106, 108, 119-120, 126-128, 130-131, 152-156, 158-159, 161-164, 166, 168, 176, 180, 182, 184, 186, 188-189
他教科　3-8, 19-21, 23-24, 44-47, 75, 77, 91-92, 97, 105, 107-109, 111-112, 115-117, 124, 133-134, 138, 140-141, 150, 167, 173, 178-179, 189, 192-193
他教科（の）内容　3, 5, 7-8, 18, 22-23, 35, 38, 44-45, 64, 69, 92, 103, 105, 110, 115, 118-119, 123, 126, 137, 173, 178, 180, 183-185, 190, 192
多重知能　4, 6-7, 16, 20, 28, 30-33, 35, 39, 45, 58-59, 61, 63, 70, 75, 77, 85, 92-93, 95, 97-98, 100, 103-104, 106, 109, 119, 123, 126, 128, 132, 139-141, 150, 153, 167, 176, 179-187, 190-193
多重知能理論（MI理論）　3, 5-8, 16, 20,

204

事項索引

25, 27-28, 30, 35-37, 39, 43-45, 47-48, 59, 61, 63-64, 69, 90-91, 103, 108-109, 119, 122, 125-126, 134, 141-142, 144, 153-155, 158, 163-171, 173-174, 176, 179-180, 182, 185, 189-190, 192-193
タスク重視　13-14
知的好奇心　5, 14, 18, 35-36, 39, 44-45, 63-66, 69, 73, 77, 81, 91, 94, 97-98, 101, 103-104, 121, 140, 145, 150-151, 160, 178, 180-181, 184, 188, 190
知的発達段階　19, 21, 43, 48, 53, 62-63, 65, 73, 146, 180
強い知能　20, 27-28, 32, 39, 71, 73, 92, 108, 163, 182, 189, 191
TPR　22, 65, 141
ティーム・ティーチング方式　7, 45-46, 64, 75, 93, 121, 157
動機づけ　3, 5-6, 14, 17, 21 22, 62-63, 73, 92, 106, 132, 137, 153, 164-167, 169-171, 173-174, 176-180, 182, 184, 187-188, 191

ナ行
内省的（知能）　20, 26, 29-34, 41, 49, 56-59, 62, 98, 103, 119, 150, 164, 168
内発的動機づけ　152
内容学習　23-24, 30, 35, 69-70, 77, 81-83, 90-91, 94, 97, 181
内容重視の（英語）指導（CBI）　6, 18-19, 22, 108
ナチュラル・アプローチ　13, 22
二刀流　3, 83, 179, 190
認知学習理論　12
脳の活性化　28, 30, 33, 92, 144-145
ノンパラメトリック検定（ピアソンのカイ二乗検定）　64, 67

ハ行
博物的（知能）　20, 26, 29-32, 34-35, 41, 56-59, 62-63, 65-66, 68, 94, 97-98, 103-104, 108, 122, 128, 154, 180-181, 188
発達の最近接領域　152
パターン・プラクティス　12
百分率（パーセンテージ）　64-65, 69, 155
ひろしま型（カリキュラム）　45-47, 54, 60, 62, 69-71, 75-76, 81, 84-85, 91, 93, 95, 103, 180, 189
部分イマージョン　187
部分イマージョン教育　111, 157
部分イマージョン校　7, 105-106, 109, 187-188
平均値　48, 52-53, 56-57, 60, 155, 159

マ行
ミドル・イヤーズ・プログラム（MYP）　111-112
問題解決学習　146-147, 177

ヤ行
8つの知能　3, 5-7, 26, 28, 30, 32-40, 43, 47-48, 58, 63, 66, 94, 106, 127, 132, 140, 154, 166, 170, 173, 179, 183, 185, 190-191
弱い知能　6, 20, 27, 32, 35, 39, 63, 71, 74, 92, 103, 106, 108, 163, 182, 188-189, 191
4技能（の）統合　6-7, 15-18, 39, 98, 106, 119, 128, 150, 155, 183, 189
4技能の統合的指導　15-17, 35, 61, 189
4点法　48, 52, 60, 64, 110, 143, 155

ラ行
理解可能なアウトプット　13

205

理解可能なインプット　13, 22
理解のための（英語）教育　19-21, 108-109
霊的（知能）　26-27
論理・数学的（知能）　20, 25, 29-32, 34, 36, 38, 40, 49, 51-52, 57-59, 62-66, 68, 77, 85, 90, 92, 98, 103, 119, 125, 130, 147-148, 154, 163, 166, 168, 176, 179-180, 189

人名索引

Armstrong, T. 28-31, 33-34, 36-39, 48, 154, 156
Asher, J. J. 15, 141
Ausubel, D. A. 12, 14, 132
Berlitz, M. D. 11
Binet, A. 25
Brewster, J., Ellis, G., and Girard, D. 21
Brinton, D., Snow, M., and Wesche, M. 19, 108
Brown, H. D. 15, 17
Brown, K., and Brown, M. 21
Chomsky, N. 12
Christison, M. A. 37-38, 85, 156
Coyle, D., Hood, P., and Marsh, D. 22-23
Cummins, J. 19
Deci, E. L. 165
Dulay, H. C., and Burt, M. K. 10
Fries, C. C. 11
Gardner, H. 20-21, 25-28, 30, 35-36, 39, 64, 73, 94, 106, 108-111, 115, 117, 123-124, 141-142, 153-154, 164, 166
Gardner, R. C., and Lambert, W. E. 165
Gouin Fr. 11
畑江美佳 16
林桂子 16-17, 31, 39, 41, 154, 156
Hymes, D. 9, 12
池田真 24
和泉伸一 24
Johnson, D. W., Johnson, R., and Smith, K. 152,154
Kagan, S., and Kagan, M. 31, 148, 156
北林利治 13

Krashen, S. 22
Krashen, S., and Terrell, T. 10, 13
Larsen-Freeman, D. 10
Long, M. H., and Porter, P. A. 152
Mohan, B. 19, 108
新里眞男 16
野呂忠司 16
Oxford, R. 152
Palmer, H. E. 11
Piaget, J. 18-19, 53, 63, 73
Rivers, W. 12
笹島茂 24
Savignon, S. 9
Scarcella, R. C., and Oxford, R. L. 17
Skehan, P. 14, 165
Swain, M. 13
梅本多 16
Vygotsky, L. S. 152
渡部良典 24
Widdowson, H. G. 21, 132
Willis, J. 13
Yamashiro, A. D., and McLaughlin, J. 165

207

【著者】

二五　義博（にご　よしひろ）

文学博士。
広島大学教育学部卒業、広島大学大学院文学研究科博士課程前期修了、ニュージーランド・オークランド大学 Master of Literature 修了、広島女学院大学大学院博士課程後期修了。
広島県内の中学校・高等学校教諭、広島市内の公立小学校英語指導アシスタント、県立広島大学・広島国際大学・広島修道大学非常勤講師などを経て、現在、海上保安大学校教授。
専門は英語教育学で、特に小学校英語教育、多重知能理論、CLIL（内容言語統合型学習）、海外の外国語教育政策。

主要著書と論文：
・『小学校の英語教育―多元的言語文化の確立のために―』（共著、明石書店、2011）
・『国際的にみた外国語教員の養成』（共著、東信堂、2015）
・「多重知能理論の博物的知能を応用した小学校英語科の授業―「英語」と「理科」の教科横断的指導として―」（『英語教育研究（SELT）第35号』、2012）
・「算数の計算を活用した教科横断型の英語指導―小学校高学年児童を対象とした英語の数の学習を事例として―」（『JES（小学校英語教育学会）Journal Vol.13』、2013）
・「CLILを応用した二刀流英語指導法の可能性―小学校高学年児童に社会科内容を取り入れた指導を通して―」（『JES（小学校英語教育学会）Journal Vol.14』、2014）
など、単著1冊、共著2冊、学術論文20編。

8つの知能を生かした教科横断的な英語指導法
MI（多重知能）とCLIL（内容言語統合型学習）の視点より

平成28年2月20日　発行

著　者　二五　義博

発行所　株式会社　溪水社
　　　　広島市中区小町1-4（〒730-0041）
　　　　電　話 082-246-7909　FAX 082-246-7876
　　　　e-mail：info@keisui.co.jp
　　　　URL：www.keisui.co.jp

ISBN978-4-86327-333-7　C3082